Die Rettung der Küstenwölfe

1. Auflage 2023
© Ueberreuter Verlag GmbH, Berlin 2023
ISBN 978-3-7641-7135-3

Dieser Vertrag entstand durch die Vermittlung
der Verlagsagentur Lianne Kolf.
Lektorat: Cassandra Müller
Umschlaggestaltung: Vivien Heinz
unter der Verwendung von Fotos von
Adobe Stock/Christian Schwier (Bildnr. 157492278)
Adobe Stock/AB Photography (Bildnr. 232616262)
Adobe Stock/marielab (Bildnr. 88235081)
Freepik/Gestiafoto
Freepik/Maostudio
Freepik/Milano83
Druck und Bindung: GGP Media GmbH, Pößneck
Satz: Greiner & Reichel, Köln
Gedruckt auf Papier aus geprüfter nachhaltiger Forstwirtschaft.
www.ueberreuter.de

Christopher Ross

# Die Rettung der
# *Küstenwölfe*

ueberreuter

# 1

Der Wolf trat zwischen den Bäumen hervor und blickte in den regnerischen Dunst über der Flussmündung. Sein Fell war so schwarz wie das Gefieder des Raben, der ihn bis zum Waldrand begleitet hatte, seine gelben Augen leuchteten in der einsetzenden Dämmerung. Seine Muskeln waren angespannt, wie immer, wenn er eine neue Witterung aufnahm und auf leichte Beute hoffte.

Er war schon seit einigen Wochen allein, denn er war zur Küste gewandert, um eine Partnerin zu finden und ein Rudel zu gründen. Auf dem Land hatte er die salzhaltige Meeresluft vermisst. Der Wolf hatte lange an der Küste gelebt und sein Rudel erst verlassen, als er den Drang verspürt hatte, loszuziehen und eine eigene Familie zu gründen. Noch hatte er keine Partnerin für sich gefunden, doch er würde nicht aufgeben und weiter die gesamte Küste nach ihr absuchen. Irgendwo zwischen den rauen Felsen würde sie auf ihn warten.

Allein war es nicht einfach, genug Nahrung zum Überleben zu finden. Nur in einem Rudel war selbst ein kräftiger Wolf wie er stark genug, Rotwild oder einen jungen Elch zu reißen. Er war deshalb sehr hungrig. Während der letzten paar Tage war er gezwungen gewesen, sich von kleinen Tieren und Waldbeeren zu ernähren, nicht genug für einen großen Wolf, der ein erfolgreicher Jäger bleiben wollte. Unter seinem Fell musste sich ausreichend Fett angesammelt haben, sein grenzenloser Appetit musste gestillt sein.

Die Witterung, die ihm am Waldrand in die Nase gestiegen war, war vielversprechend. Er mochte die Nahrung, die aus dem Meer kam. Eine fette Robbe, vielleicht sogar ein Wal, der von der starken Strömung an Land gespült worden war. Er konnte die Beute noch nicht sehen, war aber sicher, dass der Wind ihren verlockenden Geruch von einer der vorgelagerten Inseln herübertrug. Nur mit dem ausgeprägten Geruchssinn eines Wolfs war es möglich, eine Beute auf diese Entfernung auszumachen. In seinem alten Rudel war er der beste Jäger gewesen.

Vorsichtig näherte er sich dem Ufer. Sein Hunger war groß, und er wollte sich am liebsten sofort auf den Weg zur Beute machen, aber etwas hielt ihn zurück, sofort loszuschwimmen. Ein Geräusch in weiter Ferne, eine fremdartige Witterung, der Wind, der aufgefrischt hatte und in heftigen Böen über das Meer trieb, ließen ihn zögern. Doch schließlich siegte der Hunger und er watete ins Wasser. Er musste seine ganze Kraft aufbringen, um sich durch Meer und Strömungen an die Küste der Insel zu kämpfen.

Die Beute lag nur ein paar Meter von ihm entfernt auf den Felsen. Eine Robbe, tödlich verletzt mit einer klaffenden Wunde auf dem Rücken, die nur darauf gewartet zu haben schien, ihm als Nahrung zu dienen. Ein Fang, den er normalerweise mit anderen Wölfen teilen musste, doch auf dieser kleinen Insel war er allein und die Robbe gehörte nur ihm.

Trotz seines Hungers trat er zaghaft an die Robbe heran. Dann stieß er gierig die Zähne ins Fleisch, genoss den blutigen Geschmack und hörte das Brummen eines Motors beinahe zu spät. Mit einigen raschen Schritten versteckte er sich in den dunklen Schatten der Zedern nicht weit vom Ufer. Ein Fischerboot näherte sich von Norden. Der Wolf erspähte die Zweibeiner an Bord. Er wusste längst, welche Gefahr von ihnen ausging, und hörte ihre Stimmen, als sie an seinem Versteck vorbeifuhren. Erst nachdem das Motorengeräusch verklungen war, wagte sich der Wolf aus seiner Deckung. Er blieb die ganze Nacht auf der Insel und genoss sein ausgiebiges Mahl. Endlich wurde er wieder richtig satt. Doch auf seinem Weg zurück zum Festland musterten seine Augen noch schärfer die Umgebung, und ein ungutes Gefühl überkam ihn.

# 2

Ella Moore wäre lieber an die Südsee geflogen und hätte sich auf irgendeiner einsamen Insel mit tropischen Drinks verwöhnen lassen. Stattdessen gab es Kaffee, Cola oder Wasser in der neuen Economy-Class von Western Airlines, und die Triple-Seven flog nicht nach Tahiti oder Boa-Boa, sondern einmal über L.A. Sie befand sich auf einem Rundflug, der die Medien für die umgestaltete Economy-Kabine der Airline begeistern sollte. Wie geschaffen für eine ehemalige Bloggerin und angehende Journalistin, glaubte ihre Chefredakteurin.

Zwei Sitze von ihr entfernt in der spärlich besetzen Boeing saß Timmy Baldwin, einer der älteren Fotografen von *Blue Horizons*. Er hatte seine beste Zeit längst hinter sich und bekam schon lange keine Doppelseiten mehr in dem Reisemagazin. Er war mit Aufträgen wie diesem zufrieden. Die üblichen Reportage-Fotos, gemütliches Beisammensein mit altgedienten Kollegen und danach gleich wieder nach Hause. Reportagen, die keine sonderlich umkämpften Jobs waren.

Ella verließ sich darauf, dass er durch seine Routine wusste, was zu tun war, und kümmerte sich vor allem um ihre Aufgaben. Kurze Interviews mit dem Piloten, einer Flugbegleiterin und dem Designer, der für den neuen Look der Economy-Class verantwortlich war. Seine Ideen waren nicht revolutionär, werteten die Holzklasse aber sichtlich auf. Die Sitze und der Teppich waren in pastellblauen Farben gehalten, die Polster waren bequemer als normale, es gab an jedem Sitz die Möglichkeit, seinen Laptop oder sein Handy anzuschließen, und einen modernen Kiosk, an dem man während des Fluges kleine Snacks kaufen konnte.

Der Flug selbst war eher langweilig. Sie drehten eine große Runde über dem Pazifik, bekamen den Smog über Los Angeles im orangefarbenen Licht der sinkenden Sonne zu sehen und steuerten nach ungefähr einer Stunde wieder den Flughafen an. Ein aufregendes Erlebnis für jemanden, der noch nie geflogen war, aber so ziemlich das Gegenteil von dem, was Ella sich von ihren Aufträgen für *Blue Horizons* erwartete. Als Reisebloggerin hatte sie mit einem mehrteiligen Erlebnisbericht über die historische *Route 66* auf sich aufmerksam gemacht und war damit sogar ins Regionalfernsehen gekommen. In einem 57 Chevy war sie der alten Route von Chicago nach Los Angeles gefolgt und hatte auf sehr humorvolle Weise von den »schrägen Vögeln entlang der Straße« berichtet. Einem 95-jährigen Oldtimer, der an der *Route 66* aufgewachsen war und noch immer von den alten Zeiten träumte, einem Sammler von alten Cadillacs, der gerade seinen hundertsten Wagen ersteigert hatte, der Tochter eines Rodeoreiters, die sich als eine der wenigen Frauen auf einen wilden Bullen wagte, und vielen weiteren interessanten Charakteren.

Melanie Hall, die Chefredakteurin von *Blue Horizons*, hatte sie nach ihrem Fernsehauftritt im Studio angerufen und ihr einen Job angeboten. »Bei uns erreichen Sie zehnmal so viele Leser wie als Bloggerin«, sagte sie, »und Sie bekommen ein Gehalt, das sich sehen lassen kann. Aber Sie müssen ranklotzen! Auf den üblichen Hochglanz-Journalismus der anderen Reisemagazine legen wir keinen Wert. Der bleibt sowieso nicht mehr lange. Das Internet ist voll von schönen Bildern. Wir wollen die Seele einer Destination einfangen. So wie Sie es mit Ihrer *Route 66*-Serie getan haben, nur noch eindringlicher. Trauen Sie sich das zu, Ella? Natürlich trauen Sie sich das zu, also los!«

Ein halbes Jahr war das her. Sie hatte über Monterey am Highway One und die Chinatown von San Francisco berichtet, hatte lästige Aufträge wie diesen erledigt, aber an die wirklich interessanten Themen hatte Melanie sie noch nicht herangelassen. »Haben Sie noch ein wenig Geduld«, hatte sie gesagt. »Wir alle mussten einmal klein anfangen. Oder meinen Sie, ich durfte in meinem ersten Jahr schon über die Wüsten in Australien oder die Eisbären in der Arktis berichten? Ich sag Ihnen Bescheid, wenn es dann so weit ist. Auch mit kleinen Reportagen kann man Eindruck schinden. Grooven Sie sich ein, Ella!«

Nachdem die Triple-Seven gelandet war, verabschiedete sich Timmy Baldwin von ihr. »Ich weiß gar nicht, warum ich so einen Scheiß noch mitmache«, sagte er. »Mit Hochzeitsfotos und Porträts würde ich wahrscheinlich genauso viel verdienen und hätte weniger Stress.« Er lachte. »Schreiben Sie was Anständiges, junge Frau! Melanie kann ziemlich ungemütlich werden, wenn Sie nicht das liefern, was Sie sich vorgestellt hat. Meine Fotos gehen heute noch raus. Und die Aufnahmen von Western Airlines maile ich auch gleich mit.«

Ella verdrehte die Augen, stieg in ihren Chevy und fuhr nach Hause. Sie wohnte in einem vierstöckigen Apartmenthaus in Canoga Park, einem Vorort von Los Angeles. Wie fast jeden Tag im Spätsommer war es warm und viel zu trocken im San Fernando Valley, und sie war froh, als sie endlich den kühlen Luftstrom ihrer Klimaanlage spürte. Mit einem Cappuccino aus der Kaffeemaschine, die sie von ihren Eltern zu Weihnachten bekommen hatte, und in Jogginghose und T-Shirt setzte sie sich an den Computer. Melanie hatte keinen Ablieferungstermin genannt, und sie hätte eigentlich noch einige Tage bis zum Redaktionsschluss der nächsten Ausgabe gehabt, wollte aber kein Risiko eingehen. Ihre Chefin mochte es überhaupt nicht, wenn man sich zu viel Zeit mit der Arbeit ließ.

Der Text war also reine Routine. Ein hübscher kleiner Kasten auf den Info-Seiten, mehr war für einen solchen Beitrag nicht drin. Keine Spur von »die Seele einer Destination einfangen«, nett verpackte Fakten, weiter nichts. Eigentlich war das ein Rückschlag, denn Monterey und Chinatown waren damals immerhin vier Seiten wert gewesen, und sie hatte dabei versucht, die begrenzten Möglichkeiten wenigstens für ihre Weiterbildung zu nutzen. Lob verteilte Melanie sehr selten, mehr als ein »Okay« oder »Passt so« waren bei ihr selten drin.

Ellas Cappuccino war noch warm, als sie den Artikel beendet hatte und noch einmal durchlas. Mit einem Seufzer hängte sie die Datei an eine E-Mail an und schickte sie Melanie. *Noch so ein lahmer Auftrag und ich drehe durch*, dachte sie.

Keine zehn Minuten später meldete sich ihr Handy mit diesem schrillen Klingelton, der sie selbst aus dem Tiefschlaf holte. Es war Melanie. Sie befürchtete schon, den Artikel noch mal umschreiben zu müssen, doch ihre Chefin sagte nur: »Hallo, Ella. Ich hab Ihren Artikel bekommen. Ist okay so.«

Im Hintergrund waren Stimmengewirr und das Klappern von Geschirr zu hören. »Kennen Sie das *Nobu*? Die Sushi-Bar am La Cienega Boulevard? Setzen Sie sich ins Auto und kommen Sie her!«

»Jetzt? Aber ...«

»Nichts aber. Wir haben was Wichtiges zu besprechen.«

»Okay, ich bin schon unterwegs.«

Ella mochte Sushi, war aber erst einmal im *Nobu* gewesen. Sie hatte dort vor einigen Wochen ein Date gehabt, das aber gründlich in die Hose gegangen war. Der Typ hatte den ganzen Abend nur über Computerspiele und Superhelden gesprochen und sich kein bisschen für sie interessiert. Was ihn nicht daran gehindert hatte, sie vor ihrem Wagen zu bedrängen und anzuflehen, ihn zu sich nach Hause zu begleiten.

Sie steckte sicherheitshalber einen Ausdruck ihres Artikels in ihre Umhängetasche und fuhr nach West Hollywood. Über den Freeway kam sie schneller voran, als sie befürchtet hatte. So fuhr sie bereits eine halbe Stunde später auf den Parkplatz neben dem Restaurant. Ella hatte immer noch keine Ahnung, warum ihre Chefin sie in diese noble

Sushi-Bar bestellt hatte, und bereits den ganzen Weg über die Gründe gegrübelt. Wenn Melanie ihr Missfallen über etwas äußern oder sie Ella kündigen wollte, hätte sie das doch eher in der Redaktion und nicht in einem solchen Restaurant getan. Und dass es etwas zu feiern gab, war für Ella kaum vorstellbar. Nicht bei einer Chefin wie Melanie, die sich zwar freundlich, aber meist auch knallhart gab. Nur ihre Top-Leute lud sie in Edellokale ein.

Melanie saß an einem Vierertisch gegenüber der Bar und hatte eine kleine Platte mit Nigiri vor sich stehen. Sie war um die Fünfzig, hatte zwei Botox-Behandlungen hinter sich, die sie etwas glatter, aber auch maskenhafter aussehen ließen, und trug beige weitgeschnittene Anzughosen und ein Top in dezentem Rosa. Ihre Jacke lag auf der Bank neben ihr.

»Ella!«, rief sie erfreut. »Setzen Sie sich und bestellen Sie! Der Toro ist heute wieder ausgezeichnet. Keine Bange, Essen und Getränke gehen auf mich! Sie sehen etwas blass aus.«

»Es geht mir gut«, murmelte Ella nicht ganz überzeugend. Was wollte Melanie bloß von ihr?

Sie bestellte ein kleines Sortiment Nigiri-Sushi und grünen Tee und blickte Melanie erwartungsvoll an. Nur mühsam unterdrückte sie ihre Aufregung. Melanie wartete, bis die Bedienung das Sushi gebracht hatte und lächelte verstohlen, als würde es ihr Spaß machen, Ella schmoren zu lassen.

»Sie denken sicher, ich bin unzufrieden mit Ihnen und wollte Ihnen den Kopf umdrehen, nicht wahr?«

»Nein ... ich weiß nicht ... wollen Sie?«

»Im Gegenteil, meine Liebe. Ich wollte Ihnen sagen, dass ich sehr zufrieden mit Ihnen bin. Die Reportagen über Monterey und Chinatown waren großartig und hatten auch online ein gutes Echo und den Kleinkram, wie heute, haben Sie ohne zu murren erledigt. Jedenfalls so, dass ich Ihr Murren nicht gehört habe.«

*Und wie ich innerlich gemurrt habe,* dachte Ella.

»Aber ich bin sicher, Sie haben mich während der letzten Wochen mehrmals verflucht, weil ich Ihnen keinen spannenden großen Auftrag gegeben habe. Und soll ich Ihnen was sagen, Ella? Ihre Geduld hat sich ausgezahlt. Sie haben einen guten Job gemacht und bewiesen, was in Ihnen steckt. Höchste Zeit, Ihnen mehr Verantwortung zu geben.« Sie tunkte ihren Nigiri in die Sojasoße und schien stolz auf ihre eigene Gönnerhaftigkeit zu sein. Ihr breites Lächeln war ungewohnt für Ella.

»Mögen Sie Wölfe?«, fragte Melanie zwinkernd.

Ella zog überrascht die Augenbrauen hoch. »Wölfe?«

Die Frage kam unerwartet und sie musste einen Augenblick überlegen. »Ich mag Wildnis und Abenteuer, da gehören Wölfe dazu. Wölfe und Bären. Ja, ich mag Wölfe. Wenn ich ihnen nicht gerade in einem dunklen Wald begegne ... wie Rotkäppchen.«

»Genau das könnte Ihnen bei Ihrem nächsten Auftrag passieren, also gewöhnen Sie sich besser an den Gedanken. Schon mal von den Küstenwölfen gehört?«

»Vage. Die fressen Robben und Muscheln, nicht wahr?«

»Eine ganz besondere Spezies, über die bisher kaum geschrieben wurde. Mystische Tiere, die in einer abgeschiedenen Welt leben und bisher relativ selten gesichtet wurden. Ich hab sechzehn Seiten eingeplant.«

Ella vergaß vor Überraschung zu essen. »Sie wollen mir die Aufmacherstory geben? Mich zu den Wölfen schicken?« Sie konnte es nicht fassen. »Das ist …«

»… ein großes Wagnis, ich weiß. Und ich bin bereit, es einzugehen. Es sei denn, Sie kriegen kalte Füße und wollen lieber hierbleiben.«

»Nein, nein!«, wandte Ella schnell ein. »Auf den Moment, einen solchen Auftrag zu bekommen, hab ich seit Jahren hingearbeitet. Die *Route 66*-Story war nicht übel, aber für einen Blog, das Publikum war viel kleiner. Eine Aufmacherstory für *Blue Horizons* ist was anderes. Ich werde Sie nicht enttäuschen, Chefin.«

»Das weiß ich, sonst hätte ich Sie nicht ein Jahr lang mit kleinen Storys und Info-Kästen gefüttert. Mein Mann ist ein großer Football-Fan. Der sagt immer, die besten Talente taugen nichts, wenn man sie nicht behutsam aufbaut und erst dann in den wichtigen Spielen einsetzt.« Sie deutete auf das Sushi. »Und jetzt will ich Sie nicht länger vom Essen abhalten. Probieren Sie endlich den Toro!«

Ella griff nach dem Nigiri, tunkte ihn mit der Fischseite in die Sojasoße und kaute genüsslich. Der Fisch war so zart, dass er auf der Zunge schmolz. »Sie haben recht, so was Gutes hab ich schon lange nicht mehr gegessen.«

»Sobald Chris hier ist, bekommen Sie alle Details«, sagte Melanie zufrieden.

»Chris Bailey?«

»Ganz recht, einer unserer Top-Fotografen. Er war gerade vier Wochen in Afrika und hat einige Erfahrung mit

Wildtieren. Was er in der Massai Mara und in Südafrika und Namibia fotografiert hat, ist jedenfalls preisverdächtig.«

»Arbeitet der nicht sonst lieber allein?«

»Sicher, aber ich will keine Fotostory. Drei oder vier Doppelseiten mit Fotos, klar, aber der Text sollte ebenso gut sein, und Schreiben ist nicht seine Stärke. Ich will, dass wir auf dem Niveau von *National Geographic* sind, und dafür sind Sie genau die Richtige. Zeigen Sie, was Sie können, Ella! Sie haben es drauf.«

Die junge Journalistin bekam es fast ein wenig mit der Angst zu tun. Sosehr sie sich über die mangelnden Herausforderungen während der letzten Monate geärgert hatte, so verwundert war sie über das plötzliche Vertrauen ihrer Chefin. Eine Titelgeschichte war sensationell, davon hatte sie nicht einmal zu träumen gewagt. Damit konnte man eine erfolgreiche Karriere begründen … oder grandios scheitern.

Sie versuchte, einen selbstbewussten Eindruck zu vermitteln und genoss ihr Sushi, das so gut schmeckte, dass sie am liebsten noch etwas nachbestellt hätte. Melanie schien ihre Gedanken zu lesen und sagte: »Ich bestelle uns noch ein wenig Nachschub. Es schmeckt heute wirklich außergewöhnlich gut!«

Während Melanie bestellte, trat ein junger Mann an ihren Tisch. Er war etwas älter als Ella, drei oder vier Jahre, schätzte sie, und machte einen sehr selbstsicheren Eindruck. Er sah gut aus, das musste sie sich eingestehen. Seine Gesichtszüge waren sehr ausgeprägt, etwas zu kantig vielleicht, aber das machten seine tiefbraunen Augen wett. Hundeaugen, hätte Ellas Freundin Megan gesagt und dabei anzüglich gegrinst. Er war schlank und durchtrainiert und trug Khakihosen und ein schwarzes T-Shirt ohne Aufdruck. Melanie begrüßte er mit einem Wangenkuss, Ella nickte er zurückhaltend zu.»Chris Bailey.«

»Ella Moore«, erwiderte sie. Als sich ihre Blicke trafen, errötete sie zu ihrer Bestürzung und schob es auf den eindrucksvollen Ruf des Fotografen.»Freut mich sehr. Ich hab mir Ihre Fotostory über die Südsee angesehen. Hat mir sehr gefallen.«

»Ihre Monterey-Reportage war auch nicht übel«, gab er das Kompliment zurück. Sein Lächeln ließ nicht erkennen, ob er es ernst meinte oder nur höflich sein wollte. »Ich bin ein großer Steinbeck-Fan und war oft dort. *Cannery Row ... Die Straße der Ölsardinen* ... das Buch hab ich ein paarmal gelesen.«

»Setzen Sie sich«, forderte Melanie ihn auf.»Bestellen Sie, was Sie möchten! Heute geht alles auf die Firma. Probieren auch Sie den Toro, der ist hier am besten.«

»Hier sollten wir alle Besprechungen abhalten.« Schnell bestellte auch Chris sich eine Ladung an köstlichem Sushi.

»Zur Sache«, beendete Melanie den Small Talk.»Ich habe gerade Ella gesagt, dass Sie nach Kanada fliegen werden. Sie beide. Es geht um unsere nächste Titelgeschichte. Sechzehn Seiten über das abenteuerliche Leben der Küstenwölfe. Ich nehme an, Sie haben schon von diesen Wölfen gehört, Chris?«

Chris war interessiert.»Auf die habe ich es schon seit einiger Zeit abgesehen. Besondere Wölfe, die völlig abseits von allem anderen leben, sich auch von Robben, Muscheln und sogar Walfleisch ernähren und sich extrem gut fotografieren lassen … wenn man sie denn erwischt. Eine bessere Kulisse als den Regenwald und die Küste dort oben kann man sich kaum vorstellen.« Er trank von dem Bier, das er bestellt hatte. »Aber sollte ich das nicht besser allein machen? Nichts gegen Ella, sie ist sicher talentiert und ihre Monterey-Reportage hat mir tatsächlich gefallen, aber so ein wichtiges Thema …«

»… ist eine Nummer zu groß für mich?« Ella wäre beinahe entrüstet aufgesprungen. »Erstens bin ich keine Anfängerin mehr, zweitens glaube ich, bewiesen zu haben, dass ich schreiben und recherchieren kann, und drittens sind Sie ein superguter Fotograf, aber wir wollen *National Geographic* auch mit guten Texten überholen, und dafür brauchen Sie mich nun mal, Chris.«

»Wow, okay, okay!«, beschwichtigte er.

»Da hören Sie's«, erwiderte Melanie mit ihrem amüsierten Lächeln, »sie ist bereit für diesen Auftrag, und ich bin ziemlich sicher, dass sie gut genug ist, um eine solche Geschichte rund zu machen. Ella hat recht, Sie sind einer der besten Fotografen, die ich kenne, aber ein Bestseller-Autor werden Sie nicht mehr. Sie werden ein gutes Team sein, oder zweifeln Sie etwa daran, Chris?«

»Solange sie mir nicht die Wölfe verscheucht.«

»Dünnes Eis«, funkelte Ella ihn an, »ganz dünnes Eis.«

Melanie ignorierte die aufgeheizte Stimmung zwischen den beiden. »Ich glaube, Sie werden sich gut ergänzen. Ihre Flüge habe ich für den kommenden Montag buchen lassen, Sie haben also noch ein paar Tage Zeit für die Vorbereitung. Mit dem Linienflug bis Vancouver, dann mit

einer kleinen Maschine bis Bella Bella. Sie werden in *Jeremy's Beach House* wohnen, einem Ferienhaus in der Nähe des Hafens. Sieht wie eine Fischerhütte aus, soll aber gemütlich sein. Den Rückflug habe ich flexibel gelassen.«
»Klingt gut.« Ella machte sich bereits Notizen. »Auf was kommt es Ihnen besonders an? Einige Tage im Leben eines Wolfsrudels, der tägliche Kampf der Wölfe ums Überleben, die Küste und ihre Bewohner, welche Rolle spielen die Wölfe im Leben der First Nations, Interviews mit Tierschützern … welche Rolle dürfen Konflikte spielen? Die gibt es doch immer, wenn es um Wölfe geht. Farmer, die um ihre jungen Tiere bangen. Wolfsgegner, die mit Feuer und Waffen gegen die Rudel vorgehen. Was denken Jäger und Fallensteller? Soweit ich weiß, ist das Töten von Wölfen in Kanada nicht strafbar. Sogar aus dem Flugzeug darf man die Wölfe dort erschießen.«
»Sie sind bereits im Thema drin, das freut mich«, sagte Melanie. »Ich bin durch Zufall auf die Küstenwölfe gestoßen und hab mich nur sehr flüchtig mit ihnen befasst, aber Sie haben so ziemlich alle interessanten Themen erwähnt. Es soll tatsächlich einigen Zoff mit illegalen Holzfällern und Wolfsjägern geben, aber diese Themen sollen auf keinen Fall im Mittelpunkt der Reportage stehen. Mir geht es vor allem darum, das Leben dieser Küstenwölfe kennenzulernen. Wie leben und jagen sie, wie unterscheiden sie sich von anderen Wölfen, was macht ihren Charakter aus.«
»Alles klar«, sagte Ella.
Melanie aß ihr letztes Sushi und blickte Chris an. »Bei den Fotos verlasse ich mich ganz auf Sie. Bringen Sie

die geheimnisvolle Stimmung rüber. Ich könnte mir sogar vorstellen, dass wir einen Kalender mit den Fotos veröffentlichen. Wölfe kommen beim Publikum immer gut an. Also geben Sie Ihr Bestes, Chris!«

»Das tue ich doch immer, Chefin.«

Später bedankten sich Ella und Chris bei der Chefredakteurin und verließen das Restaurant. Sie tauschten ihre Visitenkarten und Handynummern aus und versprachen, sich noch vor dem Wochenende in einem preiswerteren Restaurant zu einem Gedankenaustausch zu treffen. Vor ihren Wagen blieben sie noch einmal stehen. »Ich hoffe, Sie übernehmen sich nicht mit der Story«, sagte Chris. »Ich hab schon Schreiber erlebt, die fingen in der Wildnis an zu weinen.«

Ella lachte auf. »Darauf können Sie bei mir lange warten!«

# 3

Unterwegs nach Hause rief Ella ihre Freundin Megan an. Sie waren auf dieselbe Highschool gegangen, hatten sich während der College-Zeit aus den Augen verloren und auf einem Jahrgangstreffen ihrer Schule wiedergetroffen. Megan arbeitete in der Buchhaltung einer großen Versicherung, war seit über einem Jahr mit demselben Mann zusammen und würde ihn noch vor Weihnachten heiraten, das hatte sie Ella bereits mehrfach versichert. Bei Megan lief immer alles nach Plan, ganz im Gegensatz zu ihr.

»Hey, Ella! Wo treibst du dich rum?«

»West Hollywood«, antwortete sie, »aber nächste Woche fliege ich nach Kanada. Stell dir vor, ich darf meine erste Titelgeschichte schreiben. Sechzehn Seiten über eine seltene Wolfsart an der kanadischen Küste. Hat mir unsere Chefredakteurin gerade bei einem sündhaft teuren Sushi-Dinner im *Nobu* verraten.«

»*Nobu*? Ist das nicht dieser Sterne-Laden?«

»Ganz genau.« Sie berichtete von dem Meeting mit ihrer Chefin und dem Fotografen und geriet ins Schwärmen. »Wenn ich gut bin und die Reportage bei den Leserinnen und Lesern ankommt, hab ich's geschafft. Dann schicken sie mich das nächste Mal vielleicht nach Europa, Afrika oder Asien. Was sagst du dazu?«

»Klingt abenteuerlich.«

»Ist es auch. Ich kann's kaum erwarten.«

Megan klang eher zurückhaltend. »Das freut mich für dich. Ich bin sicher, irgendwann schreibst du ein Buch oder drehst eine Doku für den Travel Channel. Aber für mich wäre das nichts. Gegen einen Urlaub in Hawaii hätte ich nichts, aber dauernd auf Achse, dafür hänge ich zu sehr an meiner Heimat. Und an Steve. Hab ich dir schon gesagt, dass wir noch vor Weihnachten heiraten wollen?«

»Vier oder fünf Mal, Megan. Zu deiner Hochzeit werde ich auf jeden Fall da sein, das verspreche ich dir. Solange ich nicht den Blumenstrauß fangen muss.«

»Ich weiß, du hast es nicht so mit dem Heiraten.«

»Mit Männern ganz allgemein«, gestand Ella. »Alle meine letzten Dates waren für die Tonne und bei meinem umtriebigen Job bliebe sowieso keiner länger als ein paar Tage. Ich brauche keine Beziehung, solange ich noch an meiner Karriere arbeite. Vielleicht später mal, obwohl … ich glaube einfach, ich tauge nicht fürs Eheleben. Selbst wenn ich einen Mann erwische, der sich die Hausarbeit mit mir teilt, … nee, ich komme gut allein zurecht. Versteh mich nicht falsch, ich hab generell nichts gegen Männer und manchmal kommen sie mir ganz gelegen, aber für ein Leben, wie du es mit Steve führst, bin ich viel zu abenteuerlustig und rastlos.«

»Und wenn du dich verliebst? Ich meine, so richtig?«

»Der Mann muss erst geboren werden.«

»Wie ist denn der Fotograf so, der mit dir nach Kanada fliegt?«

»Chris?« Sie wich einer Limousine mit getönten Fenstern aus, die vor ihr auf den Sunset Boulevard abbog und wahrscheinlich nach Beverly Hills oder Bel Air unterwegs war. »Der stände ganz weit unten auf meiner Liste. Er sieht verdammt gut aus, aber wenn er von deinem Vorschlag wüsste, würde er wahrscheinlich einen Lachanfall bekommen. Der glaubt doch, ich wäre eine Anfängerin, die allein nicht zurechtkäme und ihm in Kanada nur Schwierigkeiten bereiten wird. Eine, der in der Wildnis die Puste ausgeht und die beim Anblick eines Wolfs in Ohnmacht fallen würde. Aber da hat er sich geschnitten. Ich jogge jeden Morgen und gehe ins Fitnesscenter, ich breche so schnell nicht zusammen. Angst hab ich nur vor dem kleinen bissigen Köter meiner Nachbarin.« Sie lachten beide. »Und du so? Alles okay mit Steve?«

»Sicher«, erwiderte Megan, »sonst hätte ich wohl kaum von Heirat gesprochen. Wir überlegen noch, ob wir nach der Hochzeit gleich versuchen sollen, ein Kind zu bekommen, oder ob es besser wäre, wenn ich noch ein Jahr arbeiten gehe, und wir etwas Geld auf die Seite legen. Aber Steve wird schauen, was besser ist.«

»Darfst du nicht mehr selbst entscheiden?«

»Wir entscheiden zusammen, Ella, so ist das in einer Ehe.«

»Und du bist sicher, dass der Job als Hausfrau und Mutter dich erfüllt?«

»Du wirst auch noch auf den Geschmack kommen.«

Ella wollte sich nicht über Megan lustig machen und schluckte eine spöttische Antwort herunter. Sie versprach ihr, sich aus Kanada zu melden und legte auf. Eigentlich seltsam. Megan und sie waren grundverschieden und kamen dennoch blendend miteinander aus. Sie waren sicher, jede würde auf ihre eigene Weise glücklich.

Schmunzelnd, aber auch ein wenig nachdenklich fuhr Ella den restlichen Weg nach Hause. Ihre Freundin hatte recht. Chris Bailey war tatsächlich ein sehr ansehnlicher Mann, schien das aber auch zu wissen und ging sicher davon aus, dass ihm alle Frauen zu Füßen lagen. Sie war für ihn nur das Mädchen, das zu früh in seiner Liga mitspielen wollte und sich dabei kräftig übernahm. Die Arroganz in seinen Augen, als er sie gemustert hatte, war nicht zu übersehen gewesen. Hatte er sie überhaupt als Autorin wahrgenommen? Oder versuchte er bereits hinter ihrem Rücken, Melanie zu überreden, eine andere Schreiberin nach Kanada zu schicken?

Sie ließ sich nicht beirren und begann schon am frühen Morgen mit ihrer Recherche. Im Internet fand sie einige kurze Berichte über die Küstenwölfe, die in zahlreichen Rudeln den Great Bear Rainforest an der kanadischen Westküste bevölkerten. Dieses Gebiet war ein gemäßigter Regenwald zwischen Vancouver Island und Alaska, der wegen seiner Abgeschiedenheit nahezu so wild und unberührt wie vor der Ankunft der Europäer geblieben war und erst während der letzten Jahrzehnte durch radikale Ausbeutung bedroht wurde. In jahrelangen Auseinandersetzungen war es den Umweltgruppen gelungen, die kanadische Regierung in einigen Bereichen zum Umdenken zu bringen und zumindest Teile des Regenwalds unter Naturschutz zu stellen. Doch wenn man vereinzelten Berichten glauben durfte, war die Gefahr nicht vorüber und Holzfäller, Fallensteller und Wolfsjäger bedrohten die Unberührtheit des Great Bear Rainforest noch immer.

Ella informierte sich über den Regenwald und die Tiere, die in dieser Wildnis lebten, und verschaffte sich einen Überblick, wo Campbell Island, eine der zahlreichen Inseln vor der zerklüfteten Westküste, und die Siedlung Bella Bella lagen. *Jeremy's Beach House*, die Pension, in der sie wohnen würden, ähnelte den Fotos nach tatsächlich einer Fischerhütte, war nur etwas größer und bot vier gemütliche, aber einfach eingerichtete Zimmer. Das Bad musste man sich mit den anderen Gästen teilen. ›Der ideale Zufluchtsort, um die Zivilisation zu vergessen‹, hieß es auf der Website. Zu sehen war auch der Hafen mit seinen Fischerbooten, im Hintergrund ankerte ein blau-weißes Fährschiff von *B. C. Ferries*, das im Sommer zahlreiche Touristen herbrachte und der schon fast vergessenen Siedlung einen neuen Aufschwung beschert hatte.

Ellas Handy klingelte. Ein unbekannter Anrufer. Das konnte nur Chris Bailey sein, der einen Termin mit ihr ausmachen wollte. Stattdessen ertönte eine andere männliche Stimme, die wesentlich zurückhaltender klang. »Ella?«

»Robin«, fragte sie verwundert zurück. Ein junger Mann, den sie vor ungefähr zwei Monaten in einem Starbucks kennengelernt und nach einem unglücklichen Date mit einer Ausrede abgespeist hatte. Sie hatte behauptet, sie wäre in nächster Zeit viel unterwegs und würde sich bei ihm melden, sobald sie wieder Zeit habe. Ziemlich feige von ihr, das wusste sie selbst. Ehrenhafter wäre es gewesen, ihm offen zu sagen, dass ein weiteres Date nichts gebracht hätte, dann wäre sie ihn los gewesen.

»Du bist schon zurück?« Er klang ein wenig beleidigt, denn er hatte anscheinend nicht kapiert, dass sie längst mit ihm abgeschlossen hatte. »Ich hab oft an dich gedacht, als du weg warst, Ella, und … na ja, ich dachte, wir gehen mal wieder zusammen essen. Am Sunset hat ein neues Diner aufgemacht, so ein Retro-Schuppen und da …«

»Robin!«, unterbrach sie ihn schnell. »Robin! Ich kann nicht!«

»Aber du hast doch gesagt, dass wir uns treffen könnten, wenn du wieder zurück bist. Musst du schon wieder weg? Bist du denn nur unterwegs?«

»Ich arbeite für eine Reisezeitschrift«, antwortete sie, »ist doch logisch, dass ich da viel auf Achse bin. Aber das ist es nicht.« Sie holte tief Luft. »Sei mir nicht böse, Robin, aber ich glaube nicht, dass aus uns beiden etwas werden könnte. Am besten vergisst du mich wieder, sobald du aufgelegt hast, okay?«

»Hab ich irgendwas falsch gemacht?«

»Nein, natürlich nicht, aber ich hätte dir gleich sagen sollen, dass ich dich nicht weiter treffen möchte. Du bist nett und siehst gut aus, aber ich will dir keine falschen Hoffnungen machen, der Funke ist nicht übergesprungen. Außerdem hab ich zurzeit so viel um die Ohren, dass es mit einem Date sowieso nicht klappen würde … und mit Beziehungen schon gar nicht. Wenn ich was in meinem Job erreichen will, muss ich gerade mächtig Gas geben. Da bleibt kaum Zeit für was anderes.«

»Du bist wohl eine dieser Karrierefrauen?« Es klang beinahe vorwurfsvoll.

»Ich liebe meinen Job«, sagte sie, »er ist ein großer Teil meines Lebens und es gibt Zeiten, da muss man auf anderes verzichten, wenn man vorankommen will.«

Ella wünschte ihm alles Gute und legte auf. Wie hatte sie sich jemals mit Robin verabreden können, dachte sie, während sie sich einen Cappuccino machte. Sie löffelte etwas Milchschaum von dem Kaffee und hing ihren Gedanken nach. Unter ›Karrierefrau‹ verstand sie etwas anderes, das war eher eine Frau, die nur um der Macht oder des Geldes willen in der Politik oder einem Konzern tätig war. Sie liebte ihren Beruf und das Schreiben einfach und wünschte sich deshalb nichts sehnlicher, als eine erfolgreiche Journalistin zu werden.

Auch die nächsten beiden Tage verbrachte sie mit Recherchen und Vorbereitungen. Sie durchforstete das Internet, checkte Bücher und Artikel über den Great Bear Rainforest und Wölfe und informierte sich über die Heiltsuk, in deren Reservat sie sich aufhalten würden. Sie bestellte sich Pizza, Sandwiches und Cappuccino, notierte sich schon mal einige Namen, die ihr wichtig erschienen, und überprüfte ihre Kleidung und Ausrüstung. Ihren blauen Anorak hatte sie sich vor einigen Monaten für einen Ausflug zum Lake Tahoe gekauft, die Wanderstiefel waren wasserfest und passten noch wie angegossen und Rucksack, Thermosflasche, Verbandskasten, Taschenlampe, alles Wichtige war da. Falls doch etwas fehlte, würde sie es in Bella Bella kaufen, dort gab es einen großen Supermarkt, wie sie ebenfalls herausgefunden hatte.

Umso mehr sie über den Great Bear Rainforest, die First Nations der kanadischen Küste und Wölfe las und erfuhr, desto interessierter und faszinierter war sie. Sie stieß auf den Namen einer Wolfsexpertin, die auf Denny

Island lebte, keine halbe Stunde von Bella Bella entfernt, und rief sie an. Sie hieß Darlene Gill, war gerade siebzig geworden und kümmerte sich in ihrem »Wolf Center« um verletzte Wölfe, die allein nicht mehr in der Wildnis überlebten. Nur zu gern war sie zu einem Interview bereit. Ella versprach, sie anzurufen, sobald sie in Bella Bella war und sie in ihrem Wolf Center zu besuchen. »Ein Artikel über Küstenwölfe?«, sagte Darlene erfreut. »Endlich schreibt mal jemand über sie. Viele wollen heute noch nicht wahrhaben, dass es sie wirklich gibt.«

Auch bei Randy Humchitt, dem Vorsitzenden des Stammesrates der Heiltsuk, kündigte sie sich an. Er war etwas misstrauisch und wollte genau wissen, wie ihr Artikel aussehen würde, bevor er sich auf ein Treffen einließ. Ella erklärte es ihm und klang anscheinend so überzeugend, dass er sich schließlich einverstanden erklärte. Er würde sogar einen Guide für sie organisieren, der wusste, wo die Küstenwölfe zu finden waren und sie zu ihnen führen konnte. »Travis Cannon«, nannte er den Namen, »einer meiner Enkel. Er ist achtzehn und kennt sich besser in den Küstengewässern aus als die meisten Fischer. Zahlen Sie ihm eine Kleinigkeit dafür?«

»Sicher«, versprach sie, »für so was haben wir ein Spesenkonto.«

Am Freitag vor ihrer Abreise ließ sie sich in der Redaktion blicken und sprach noch einmal mit ihrer Chefin. »Ich hab Ihnen einen hoffentlich ausreichenden Betrag für die Spesen überwiesen«, sagte Melanie. »Ich weiß, wie teuer Lebensmittel und Dienstleistungen in den nördlichen

28

Gefilden sind, aber versuchen Sie trotzdem, den Betrag im erträglichen Rahmen zu halten. Sind Sie gut vorbereitet?«

»Meinetwegen kann es sofort losgehen.«

»Mit Chris kommen Sie gut aus?«

»Mit ihm hab ich keine Probleme.«

Melanie deutete ein Lächeln an. »Er bildet sich einiges auf seine Arbeit ein, und das kann er auch. Er ist einer der besten Fotografen, die ich kenne, und ich bin froh, ihn in unseren Reihen zu haben. Aber es fällt ihm manchmal schwer, die Autorin einer Reportage als gleichwertige Partnerin anzuerkennen. Ein Rückfall ins patriarchalische Zeitalter, als eine Frau im Berufsleben lediglich als Lehrerin oder Krankenschwester geduldet wurde. Lassen Sie sich nichts gefallen und geben Sie ihm ruhig mal Kontra, wenn er sich zu viel erlaubt.«

»Keine Sorge, ich weiß mich zu wehren, Chefin.«

Einen Tag später traf sie sich mit Chris in einem Strandlokal in Malibu, das eines seiner Stammlokale war, wie er beiläufig erwähnt hatte. Sie saß bereits an einem der Holztische auf der Terrasse und blickte auf den Strand hinab, als sie ihn bei einer schlanken Schönheit in Shorts und bauchfreiem T-Shirt stehen sah. Die beiden schienen zu streiten und die junge Frau gestikulierte wild mit den Armen, bis Chris ihr das Wort abschnitt und sie abrupt nach ihrer Tasche griff. Mit wütenden Schritten und ohne sich umzudrehen, stapfte sie davon.

Chris, ebenfalls in Shorts und T-Shirt, hängte sich seine Sporttasche über die Schulter und stieg über die steile

Treppe zum Lokal hinauf. Er entdeckte sie sofort, legte seine Tasche auf einen leeren Stuhl und setzte sich zu ihr.

»Hey, Ella«, begrüßte er sie. Er sah wirklich gut aus, durchtrainiert wie ein Surfer und natürlich gebräunt, als würde er jeden freien Tag am Strand verbringen. »Tut mir leid, dass ich zu spät bin. Ich hatte noch was zu erledigen.«

»Mit der jungen Dame?«

»Sie haben uns beobachtet?«

»Sie waren ja nicht zu übersehen.« Die Bedienung kam und nahm die Bestellung auf, eine Diet Coke für sie, ein Corona für ihn. Beide Getränke kamen mit einer halben Zitronenscheibe.

»Ihre Freundin sah ziemlich beleidigt aus.«

»Das war nicht meine Freundin.« Er trank einen Schluck und schien zu überlegen, ob er weiter darauf eingehen sollte. »Jennie«, fuhr er schließlich fort, »ich hatte mal ein Date mit ihr und … nun ja, sie hat mir nie verziehen, dass ich sie nicht mehr angerufen habe. Sie versucht immer noch, mich zu überreden.«

Ella dachte an Robin. »Und sobald sie gemerkt hätte, dass sie die meiste Zeit unterwegs sind, wäre sie eh auf und davon. Das kenne ich. Sobald ein Mann hört, was ich für einen Job habe, kriegt er kalte Füße. Mit Frauen, die in ihrem Job aufgehen und immer wieder auf Achse sind, können viele Männer nichts anfangen. Die wollen immer noch ihre Hausfrau am Herd. Aber nicht mit mir!«

»Sind Sie Feministin? Eine von den aggressiven, meine ich.«

»Solange Sie das fragen, klappt es noch nicht mit der Gleichberechtigung.« Sie nahm einen Schluck Cola. »Arbeiten Sie deshalb am liebsten allein? Weil Sie uns Frauen nichts zutrauen? Soweit ich weiß, gibt es auch erstklassige Fotografinnen. Und Autorinnen, die in der Wildnis nicht zu weinen anfangen.«

»Schon gut«, gab er klein bei, »ich hab verstanden. Aber ich hab nichts gegen Frauen, ganz im Gegenteil. Nur Amateure, egal, ob männlich oder weiblich, gehen mir gewaltig auf die Nerven. Auch wenn sie nichts dafürkönnen, dass sie wenig Erfahrung haben. Sie können eine ganz Reportage gefährden.«

»Keine Angst, ich bin bereit.«

»Das will ich doch hoffen. Haben Sie schon Kontakte?«

Sie berichtete ihm von den Leuten, die sie angerufen hatte. »Auf diesen Travis setze ich besonders. Ein Heiltsuk mit einem Boot, der sich in der Gegend auskennt und weiß, wo sich die Küstenwölfe verstecken ... was Besseres kann uns gar nicht passieren. Wir brauchen die Heiltsuk, wenn wir was finden wollen. Bella Bella liegt in einem Indianerreservat und ohne sie läuft nichts.«

»Gute Arbeit. Dann sehen wir uns Montag früh am Flughafen?«

»Ich werde pünktlich sein«, sagte Ella. »Und keine Angst, ich reise auch nicht mit sieben Schrankkoffern, das tun nur die reichen Ladys in den alten Filmen.«

# 4

Der Flug nach Bella Bella verlief ohne Probleme. In Vancouver stiegen sie in eine Propellermaschine der *Pacific Coastal Airlines*, die über dem Meer in leichte Turbulenzen geriet, aber sicher auf Campbell Island landete. Bella Bella war die einzige größere Siedlung auf der Insel. Während der Landung sahen sie das Meer und hügelige Fichtenwälder unter sich vorbeifliegen, bis die Maschine holpernd aufsetzte und einige Hütten vor den Fenstern auftauchten.

Jeremy Harris, der Besitzer des *Beach House*, erwartete sie mit seinem zerbeulten Pick-up. Er war um die Sechzig, trug einen Overall und hatte seine langen weißen Haare zu einem Pferdeschwanz gebunden. »Willkommen in Waglisla!«, begrüßte er sie freundlich. »So nennen wir Einheimischen unsere Stadt.«

Sie luden ihr Gepäck auf die Ladefläche seines Wagens und stiegen ein. Eine asphaltierte Straße führte in die knapp über eine Meile entfernte Siedlung, eine wenig ansehnliche Kleinstadt mit anderthalbtausend Einwohnern, die einst für ihre Konservenfabrik bekannt gewesen war und wohl zur Geisterstadt verkommen wäre, hätte nicht *B. C. Ferries* die Stadt zu einem Anlaufpunkt für seine Fährschiffe gemacht und hätte nicht der kleine Flughafen nordwestlich der Stadt eröffnet. Vor allem Angler buchten sonst *Jeremy's Beach House*, um Lachse in den nahen Gewässern zu fangen.

»Ich hab's schon von Randy gehört«, sagte Jeremy, »Sie wollen über Wölfe schreiben. Wird auch höchste Zeit, dass jemand den Leuten erzählt, dass unsere Küstenwölfe keine blutgierigen Monster sind. Mir und allen anderen Heiltsuk sind sie heilig. Wir fürchten sie nicht, haben aber großen Respekt vor ihnen und wissen, dass sie uns von den Geistern geschickt wurden. So wie der weiße Spirit Bear, der unsere Wälder durchstreift.« Sein wissendes Lächeln irritierte sie. »Sie denken, ich bin ein ungläubiger Heide? Nein, wir Heiltsuk sind alle getauft und glauben an Gott. Aber wir glauben auch an unsere Geister.« Wieder dieses Grinsen. »Manchmal hilft es einem, sich das Beste von beiden Religionen auszusuchen. Sind sie zum ersten Mal auf unserer Insel?«

»Ich war vor zwei Jahren auf Haida Gwaii«, sagte Chris.

»Und ich auf Vancouver Island«, sagte Ella.

»Campell Island ist anders«, erwiderte Jeremy. Er schien sich darüber zu freuen, jemandem über seine Heimat erzählen zu können. »Noch einsamer als Haida Gwaii. Außer Bella Bella und dieser Straße gibt es kaum Zivilisation. Paddeln Sie an der Küste entlang oder wandern Sie die Flüsse hoch und Sie begegnen Grizzlys, Wölfen und allen möglichen anderen Tieren, aber kaum Menschen.«

Sie hatten Bella Bella erreicht und fuhren quer durch die Stadt. Rustikale Holzhäuser wechselten sich mit vereinzelten Steinbauten ab, nur wenige Straßen waren asphaltiert. »Der große Kasten dort ist unser Supermarkt«, erklärte Jeremy und deutete auf ein riesiges flaches Gebäude, das von außen eher einer Lagerhalle ähnelte, »und das Blockhaus mit dem Streifenwagen vor dem Eingang gehört der RCMP, der Royal Canadian Mounted Police.« Er fuhr auf der Straße parallel zur Küste. »Ein Auto brauchen Sie hier nicht, zu Fuß läuft man keine zehn Minuten durch die Stadt.«

Vor seinem *Beach House* hielt Jeremy und reichte ihnen zwei Schlüssel. »Obwohl Sie die hier kaum brauchen würden, hier klaut keiner.« Er stieg mit ihnen aus und begleitete sie ins Haus. »Ich hab Ihnen die beiden Zimmer im Erdgeschoss gegeben. Das Bad müssen Sie sich teilen. Oben wohnen zwei Angler, ruhige Burschen, die in drei Tagen wieder abreisen. Vorausgesetzt, ihre Kühltruhen sind bis dahin mit Lachsen gefüllt.« Er zeigte ihnen die spärlich eingerichtete Küche. »Ach ja, und den Stammesrat finden Sie in dem Holzhaus gegenüber.«

Ella schaffte ihren Koffer in ihr Zimmer, das groß genug war für Schrank, Bett und einen kleinen Schreibtisch, und traf sich mit Chris in der Küche. Er hatte eine seiner Kameras dabei und wirkte rastlos. »Ich sehe mich mal ein wenig um«, sagte er, »kann nichts schaden, sich bei den Einheimischen sehen zu lassen.«

»Und ich spreche mit dem Stammesrat und dem Jungen, der uns zu den Wölfen bringen soll. Wie wär's gegen vier mit einem Orientierungstrip?«

»Klingt gut. Kaufst du ein?« Er war zur vertrauten Anrede übergegangen, so langsam schien er ihr gegenüber etwas offener zu werden.

»Dieses Mal schon. Das nächste Mal bist du dran.«

»Holst du was fürs Lunch? Dann können wir essen, bevor wir rausfahren. Kriegen wir das hin?«

»Mach dich locker, Chris! Ich bin nicht deine Assistentin.«

»Sorry«, entschuldigte er sich, »ich wollte nicht unhöflich sein.«

Ella leerte ihren Rucksack und ging zum Supermarkt, in dem es so ziemlich alles gab, allerdings zu wesentlich höheren Preisen als in Los Angeles. Sie kaufte Spaghetti, tiefgefrorene Pizza, etwas Schokolade und Toastbrot, Käse, Wurst, Salat, Tomaten und Mayonnaise für Sandwiches. Außerdem Wasser, Diet Coke und im Liquor Store einen Sixpack Bier.

Im Laden deuteten manche Leute mit Fingern auf sie und tuschelten und auch unterwegs fühlte sie sich beobachtet. Anscheinend hatte es sich schon herumgesprochen, weswegen Chris und sie nach Bella Bella gekommen waren. Sie kannte dieses Misstrauen nur zu gut. Immer wenn sie irgendwo für einen Artikel recherchierte, vor allem aber in Hotels und Restaurants, nahmen manche Leute an, dass die Medien ständig versuchten, etwas Kritikwürdiges zu finden. Erst recht, wenn es um Minderheiten ging. Als sie auf einem indianischen Pow-Wow-Treffen in Oregon recherchiert hatte, waren nur wenige Teilnehmer bereit gewesen, über die Probleme in ihrem Reservat zu sprechen, und ihre Reportage über Chinatown gelang ihr nur deshalb gut, weil eine College-Freundin dort wohnte und für sie vermittelte.

Bei Randy Humchitt, dem Vorsitzenden des Stammesrats, den sie am frühen Nachmittag in seinem Büro traf, sprach sie dieses Problem an. Der Chief, wie ihn alle nannten, ein stämmiger Mann mit einem zerfurchten Gesicht, saß hinter einem Schreibtisch aus Zedernholz. »Wir sind nicht immer gut von den Medien behandelt worden«, sagte er. »Überall war nur Lob zu hören, als große Teile des Great Bear Rainforest unter Naturschutz gestellt wurden, und auch wir Heiltsuk sollten uns natürlich freuen, dass unser Regenwald endlich besser geschützt ist. Man hätte uns anhören müssen, bevor man eine solche Entscheidung trifft. Oder die Entscheidung über die Wölfe. Die Regierung hat beschlossen, die Jagd auf Wölfe freizugeben. Sogar vom Hubschrauber aus können sie jetzt auf die Rudel schießen und niemand hat daran gedacht, dass unsere Küstenwölfe ganz besondere, heilige Tiere sind, die keiner Karibuherde gefährlich werden können.«

»Darüber habe ich gelesen«, erwiderte Ella, »und ich weiß auch, dass es immer noch Holzfirmen gibt, die jahrhundertealte Zedern fällen. Ich werde auch über diese Probleme schreiben, aber ich arbeite für ein Reisemagazin, und die sind vor allem an der einzigartigen Natur des Great Bear Rainforest interessiert. Und natürlich an den Küstenwölfen. Wir wollen unsere Leserinnen und Leser diese wunderbaren Tiere näherbringen. Chris Bailey, unser Fotograf, ist einer der besten seines Fachs und wird stimmungsvolle Bilder von den Tieren schießen.«

»Ich weiß. Ich habe Ihre Reportagen gelesen und mir die Fotos von Chris Bailey angesehen. Sie gehören nicht zu diesen oberflächlichen Zeitungsleuten, mit denen wir schon oft zu tun hatten. Sonst wären Sie bestimmt nicht hier bei mir vorbeigekommen.« Humchitt lächelte verschmitzt. »Sie haben über die Heiltsuk gelesen?«

Ella nickte. »Und ich habe mich gefragt, wie ich sie in meiner Reportage nennen soll. Indianer? Ureinwohner? First Nations? Indigene?«

»Wir sind Heiltsuk«, sagte er freundlich.

»Und Wölfe sind Ihnen heilig?«

»Mehr noch.« Humchitt lehnte sich in seinem Stuhl zurück. »Wir stammen von den Wölfen ab. So sagt es unser Glaube. Sie haben uns an dieser Küste geboren und bleiben bis heute unsere engsten Verwandten. Dass einige Wissenschaftler sagen, wir wären vor zwölftausend Jahren aus Asien gekommen, ist nur eine andere Version unserer Geschichte.« Seine dunklen Augen blitzten. »Wenn Sie für Ihre Reportage recherchiert haben, wissen Sie, dass Wölfe uns Menschen ähnlicher sind, als viele denken. Ein Rudel besteht immer aus einer Familie, den Eltern und den Kindern. Sie kümmern sich rührend um ihre Welpen und Kranken und Schwachen. Wenn wir ihr Heulen hören, kann das auch bedeuten, dass sie sich von der Jagd erholen und gemeinsam Lieder singen. So wie die Heiltsuk. Denken Sie daran, wenn sie über unsere Küstenwölfe schreiben. Wie wir haben auch sie sich an ihre besondere Umgebung angepasst.«

»Sehr interessant. Und Sie sagen, es gibt Probleme mit Wolfsjägern?«

»Ja, das stimmt, manche Jäger machen sich einen Spaß daraus, auf Wölfe zu schießen. Besonders schlimm ist es, wenn sie nicht richtig treffen und die sterbenden Wölfe sich selbst überlassen. Aber die Regierung verteufelt die Wölfe und redet den Menschen ein, sie würden die Karibuherden dezimieren. Das mag für einige Rudel im Inland stimmen, aber nicht hier an der Küste. Kennen Sie den Unterschied zwischen einem normalen Jäger und einem Heiltsuk-Jäger?« Er sprach weiter, ohne ihre Antwort abzuwarten. »Ein Heiltsuk jagt nur so viele Tiere, wie er zum Leben braucht, ein normaler Jäger jagt auch wegen der Trophäe.«

Ella hatte die wichtigsten Sätze von Humchitt notiert und versprach ihm, einen Beleg mit ihrer Reportage zu schicken. »Chris Bailey wird sich in den nächsten Tagen bei Ihnen melden«, sagte sie, »wir würden gern ein Foto von Ihnen abdrucken. Ich hoffe, Sie haben nichts dagegen, er braucht nicht lange.«

Der Chief war einverstanden und sagte ihr, dass er bereits mit seinem Enkel gesprochen hatte. »Er bastelt wahrscheinlich an seinem Boot rum, bei den Fischerbooten im Hafen. Ich hab ihm schon gesagt, dass Sie ihn als Guide anstellen wollen. Er ist ein guter Junge und er hat die Küstenwölfe schon einige Male beobachtet.«

Ella bedankte sich und verließ das Gebäude. Sie ging zurück ins *Beach House*, aß ein Sandwich, trank eine Diet Coke und blickte aus dem Fenster. Über den dichten Fichtenwäldern jenseits der Stadt zeigte sich ein grauer Himmel.

Mehr durch Zufall fiel ihr Blick auf einen Mann in einem Camper, der vor einem verwahrlosten Grundstück auf der anderen Straßenseite parkte und ihr bereits aufgefallen war, als sie zu Randy Humchitt hinübergegangen war. Ein sportlicher Typ in den Dreißigern, augenscheinlich kein Heiltsuk, der das verkniffene Gesicht eines Boxers hatte und sie zu beobachten schien. Wie die Detectives in den Krimis, wenn sie das Haus eines Verdächtigen observierten. *Irgendwie unheimlich,* dachte Ella.

Sie zog sich ein wenig zurück, damit er sie nicht sehen konnte, und blickte genauer hin. Hatte er wirklich sie im Visier oder hielt er nur zufällig dort oder wartete auf einen Bekannten? Warum sollte irgendjemand auf die Idee kommen, die Journalistin eines Reisemagazins zu observieren? Wenn sie vom *San Francisco Chronicle* oder der *New York Times* oder einer Boulevardzeitung käme und irgendeinen Skandal aufzudecken versuchte, wäre das vielleicht verständlich, aber wegen einer harmlosen Reisereportage?

Oder hatte jemand aus Regierungskreisen Angst, dass sie sich bei den Problemen, die Randy Humchitt angesprochen hatte, hinter die Heiltsuk stellen würde? Waren Chris Bailey und sie irgendjemandem ein Dorn im Auge? Oder bildete sie sich das alles doch nur ein?

Sie beobachtete den Mann weiter und war sich auf einmal sicher, dass er es auf sie abgesehen hatte, als sie beobachtete, wie er ein Fernglas hob und auf sie richtete. Ohne weiter zu überlegen, lief sie nach draußen und überquerte die Straße. Sie sah, wie der Mann erschrak, unterdrückte aber ihre Wut und forderte ihn mit einer Handbewegung auf, das Fenster herunterzulassen. »Wollten Sie zu uns?«

»Zu Ihnen? Ich?«, erwiderte er irritiert. »Wie kommen Sie darauf?«

»Sie stehen seit einer Stunde hier und beobachten das Haus, in dem mein Kollege und ich wohnen, sogar mit dem Fernglas. Darf ich fragen, warum?«

»Das Fernglas ...« Er lachte gekünstelt. »Das war reine Langeweile. Ich wollte Ihnen nicht zu nahe treten, wirklich nicht. Ich warte auf meine Schwester, wissen Sie? Wir haben uns verabredet und sie ist leider nie pünktlich.«

»Verabredet? Vor einem leeren Grundstück?«

Er hustete verlegen. »Vielleicht sehe ich doch mal woanders nach. Wie ich sie kenne, hat sie unsere Verabredung vergessen und ist längst zu Hause.«

Er startete den Motor und fuhr davon, ehe Ella etwas erwidern konnte.

Sie sah ihm nach, bis er abgebogen war. In diesem Moment kam Chris beim *Beach House* an.

»Ein Mann hat vor dem Haus geparkt und mich beobachtet«, berichtete sie. »Er hatte sogar ein Fernglas dabei. Ich hab ihn zur Rede gestellt, aber er hat sich rausgewunden.«

»Ein Heiltsuk?«

»Nein, er war weiß.«

»Hm. Anscheinend hast du schon Fans in Bella Bella. Das hat man davon, wenn man gut aussieht und so verführerisch lächeln kann wie du.« Er schien jetzt erst zu merken, was er gesagt hatte, und lächelte verlegen. »Oder hat jemand Angst, dass wir ihm auf die Füße treten? Wolfsjäger, die in Ruhe weiterjagen wollen? Holzfäller, die befürchten, dass ihnen die Regierung auch noch die letzten Wälder wegnimmt? Als ob wir mit *Blue Horizons* so viel Einfluss hätten wie das CNN.«

»Humchitt sagt, dass die meisten Wolfsjäger die Tiere nur wegen der Trophäen jagen. Sie lassen sich mit den erlegten Wölfen fotografieren. Wie Großwildjäger in

40

Afrika, die mit toten Löwen oder Elefanten im Netz posieren.«

»Ich hab mit einem alten Heiltsuk in der Stadt gesprochen«, erwiderte Chris.»Er sagt, die Wolfsjäger wären besonders hinter einem schwarzen Wolf her, der in zahlreichen Legenden und Geschichten der Heiltsuk auftaucht und angeblich von den Geistern geschickt wurde, um ihr Volk zu retten. Sie nennen ihn Cula. Ein Anführer, der alle Wolfsrudel vereinen und die Wildnis vor den mordlustigen Eindringlingen schützen würde. Sein Tod würde das Ende der Heiltsuk bedeuten. Keine Ahnung, ob es diesen Wolf wirklich gibt, aber es wäre immerhin möglich. Und ein Foto von Cula wäre die perfekte Titelseite für unsere Reportage.«

»Humchitt hat ihn nicht erwähnt.«

»Keiner würde gern über ihn sprechen, sagt der alte Mann. Möglichst wenige Außenstehende sollen wissen, dass es ihn gibt. Einige Jäger hätten es bereits herausbekommen, das wäre schlimm genug. Cula soll seine Prophezeiung erfüllen können.«

»Und wie hast du dann den alten Mann dazu gebracht, über Cula zu sprechen?«

Chris grinste.»Ich bin ein Überredungskünstler. Als Fotograf musst du einer sein, sonst kriegst du keinen dazu, für dich zu posieren und musst ständig ein teures Model verpflichten. Die Leute reißen sich nicht mehr darum, fotografiert zu werden. Das machen sie lieber selbst und posten es bei Instagram oder so.«

Sie beschlossen, Humchitts Enkel Travis Cannon gemeinsam zu suchen, und gingen zum Fischereihafen. Eine

Vielzahl von Booten lag an den Stegen und schaukelte im Wasser. Es roch nach Meer, totem Fisch und Diesel. Ein romantischer Anblick aus der Ferne, eher gewöhnungsbedürftig, wenn man über die Stege lief. Sie fragten einen der Fischer nach Travis und fanden ihn auf einem betagten, ungefähr sieben Meter langen Boot, das schon im letzten Jahrhundert im Pazifik geschaukelt haben musste. Aus der Mitte ragte ein Führerhaus empor.

Travis kniete vor dem Außenbordmotor, einen Schraubenschlüssel in der Hand. Seine dunklen Augen sprühten vor Humor. Er trug einen Overall und eine Baseballkappe mit dem Logo der Seattle Seahawks. »Hi«, begrüßte er sie. »Wenn Sie angeln wollen … he, Sie sind die Presseleute aus L.A., stimmt's?«

»Chris Bailey und Ella Moore«, erwiderte Ella. »Dein Großvater sagte uns, du wüsstest, wo wir die Küstenwölfe finden könnten, und würdest uns hinbringen.«

»Morgen früh gern. Zuerst muss ich den Motor in Gang bringen.«

»Wir bräuchten dich voraussichtlich für eine ganze Weile. Sagen wir, fünf Tage.« Sie wechselte einen schnellen Blick mit Chris und sah ihn nicken. »Eventuell auch länger.«

»Solange ihr dafür bezahlt, passt das. Es ist nicht leicht, hier genug Geld zum Leben zu verdienen.«

»Logisch, aber du müsstest uns die Summe quittieren.«

»Fünf Tage«, überlegte Travis. »Normalerweise würde ich in der Zeit Touristen rumschippern, das brächte viel Geld … sagen wir …« Er nannte eine etwas zu hohe Summe.

Nach einigem Hin und Her einigten sie sich auf eine angemessene Summe, nur der Treibstoff kostete extra, und für den Proviant mussten sie selbst sorgen.

»Hast du ein Zelt und zwei Schlafsäcke für uns?«, fragte Chris.

»Kann ich besorgen, kostet aber auch extra.«

Chris lächelte amüsiert. »Du bist sehr geschäftstüchtig. Ich denke, wir gehen morgen erst mal auf eine Orientierungstour, du zeigst uns so viel wie möglich, und übermorgen setzt du uns dort ab, wo wir einem der Rudel am nächsten sind, und wir bleiben dort zwei Tage oder auch länger. Haben wir einen Deal?«

»Deal«, schlug Humchitts Enkel ein. »Morgen früh um acht?«

»Klingt gut. Ich hoffe, du kriegst den Motor wieder hin.«

»Wäre nicht das erste Mal.«

Ella und Chris verabschiedeten sich und liefen zur Stadt zurück. Über Nacht mit Chris in der Wildnis, umgeben von Wölfen, vielleicht sogar Grizzlys und dichtem Regenwald, das klang nach einem kühnen Abenteuer. Und einer Herausforderung, die ihr alles abverlangen würde.

»Und jetzt? Wie ist der weitere Plan?«, fragte sie.

»Reden wir mit dem alten Mann, den ich getroffen habe. Ein Jäger wie er hat viel zu erzählen, da bin ich sicher.« Seine Augen leuchteten aufgeregt. »Und danach essen wir was. Ich hab ein kleines Lokal entdeckt, da gibt es leckere Lachs-Burger.«

# 5

Ella war angenehm überrascht. Als sie am nächsten Morgen aus ihrem Zimmer kam, stand Chris in der Küche und briet Rührei. Die Angler waren schon am frühen Morgen aufgebrochen, und sie waren allein im Haus. »Ist Rührei mit Speck und Toast okay?«, fragte er gut gelaunt. »Kaffee steht schon auf dem Tisch.«

»Wow!«, staunte sie. »Ich wusste gar nicht, dass du kochen kannst.«

»Pulverkaffee und Rührei – zu mehr reicht es leider nicht.«

»Aber das Rührei schmeckt«, sagte sie nach dem ersten Bissen, »und den Toast hast du auch perfekt hinbekommen. Lebst du von Rührei, Toast und Speck?«

Er wirkte lange nicht mehr so arrogant wie bei ihrem ersten Treffen. »Meistens mache ich Tiefkühlkost oder Konserven. Aber da, wo ich wohne, gibt es etliche Lokale, und ich esse meist auswärts oder bestelle mir was.« Er biss in seinen Toast. »Und du? Verwöhnst du deinen Freund mit leckerer Hausmannskost?«

»Wenn das heißen soll, ich wäre die Hausfrau am Herd und würde brav den Haushalt regeln, muss ich dich leider enttäuschen.« Sie unterdrückte ihren Ärger und grinste genervt. »Ich hab keinen Freund und mit Hausarbeit und Kochen genauso wenig am Hut wie schon meine Mutter. Die ist Ärztin und isst fast jeden Tag im Krankenhaus.

Aber ich kann Cheeseburger, Spaghetti und Hackbällchen, und wenn ich mich anstrenge, krieg ich sogar einen guten Gemüseeintopf hin.« Er schmierte etwas Marmelade auf seinen zweiten Toast. »Dann passen wir ja gut zusammen.« Er errötete leicht. »Und die Sandwiches für unterwegs belegen wir natürlich gemeinsam. Soll niemand sagen, ich wäre ein arroganter Macho.«

»Hat das echt schon mal jemand gesagt?«

»Von den Autorinnen, mit denen ich bisher zusammengearbeitet habe, nur eine. Alle anderen haben es wahrscheinlich gedacht. Meine Mutter behauptet, ich würde mich manchmal zu wichtig nehmen. Erst gestern wieder. Eine Autorin wäre nicht dazu da, für mich zu kochen und mir lose Knöpfe anzunähen.«

»Deine Mutter ist kluge Frau.«

»Sie kennt die Autorinnen nicht, die Melanie mir manchmal aufgeschwatzt hat. In Afrika war ich allein unterwegs, da fährt erst nächste Woche ein Autor hin, aber in Hawaii war eine ehemalige Klatschreporterin mit mir unterwegs, die hatte nur Luxushotels und Promis im Sinn. Wie soll man da nicht durchdrehen? Ich brauche keine Haushälterin oder Promijägerin, ich brauche eine Autorin, die ihren Job versteht und mir nicht alle paar Minuten auf die Nerven geht.«

»Und wie schlage ich mich bisher?«, fragte Ella spöttisch.

»Du bist okay, du kannst recherchieren und hängst mir nicht ständig am Rockzipfel, aber der richtige Job fängt erst an, wenn wir draußen in der Wildnis sind und hoffentlich die Wölfe beobachten. In der Natur tun sich viele schwer.«

»Ich werde mich anstrengen.« Sie behielt den spöttischen Unterton und das leichte Grinsen bei. »Du hoffentlich auch. Du bist ein super Fotograf, aber bei unserem Job ist Teamarbeit gefragt und wir müssen zusammen funktionieren.«

»So wie gestern Abend? Das war ein cooles Interview.«

»Der alte Mann hatte auch was zu erzählen«, sagte sie. »Dass die Heiltsuk den Umweltschutz nicht zum Thema machen müssen, weil er schon seit einigen Jahrhunderten eine Selbstverständlichkeit für sie ist. Die Natur ist ihnen heilig, die Berge, Flüsse, Täler und die Meeresküste, und sie würden niemals einen Wolf oder einen Raben töten. Den Wolf, weil sie der Legende nach von ihm abstammen, und den Raben, weil er vor langer Zeit ihre Heimat erschaffen hat. Als er sah, dass die Heiltsuk kein Land hatten, ließ er einen Kiesel fallen, und der vermehrte sich auf sonderbare Weise und ließ ihre Heimat entstehen.«

Chris packte eine seiner Kameras aus und zeigte ihr ein Foto von Randy Humchitt, das er schon am Morgen gemacht hatte. Es zeigte den Alten mit seinem markanten Gesicht unter einer Zeder, einen Umhang mit indigenen Mustern über den Schultern, und über ihm gut sichtbar, einen fliegenden Raben.

»Perfekt«, lobte sie Chris.


Nach dem Essen stellten sie das schmutzige Geschirr in die Spülmaschine und schmierten sich die Sandwiches für unterwegs. Der Himmel draußen war bedeckt, und es regnete leicht, als sie zum Hafen gingen. Vom Meer wehte der Duft von Salz und Algen herüber, im Hafen selbst stank es wieder nach Diesel. Das Rauschen der Brandung klang nach Freiheit und endloser Weite und war ein Sirenenruf, der sie auf den Anlegesteg und zum Boot von Travis Cannon lockte. Seinem zufriedenen Grinsen nach hatte er seinen Außenbordmotor erfolgreich repariert.

»Hey«, begrüßte er sie. »Schaffen Sie Ihr Zeug in die Kabine, da bleibt es trocken. Ich hoffe, der Regen macht Ihnen nichts aus. Es regnet öfter hier.«

»Wir sind hart im Nehmen«, antwortete Chris grinsend.

Mit tuckerndem Motor steuerte Travis sein Boot aus dem Hafen. Einige Fischer winkten ihnen zu, andere beobachteten sie eher misstrauisch oder auch neidisch, weil sie annahmen, dass Travis sich einen lukrativen Deal verschafft hatte. Der Fischfang war schon lange nicht mehr so ertragreich wie noch vor einigen Jahren, und man kam ohne Nebenjobs kaum noch über die Runden. Travis war ein hart arbeitender junger Mann und profitierte außerdem natürlich auch von seinem Großvater, der als Vorsitzender des Tribal Council gut verdiente.

Sobald sie den Hafen hinter sich gelassen hatten, beschleunigte Travis und lenkte das Boot in den nebligen Dunst, der seit dem frühen Morgen über dem Meer lag. Der Fahrtwind war kühl und blies ihnen ins Gesicht, bis der junge Mann hinter einer winzigen Insel den Kurs änderte. Sie fuhren in ein verwirrendes Labyrinth aus schmalen Kanälen, umgeben von ausgedehnten Fichtenwäldern, die alle Inseln an der Küste Kanadas bedeckten und bis an die felsigen und teilweise zerklüfteten Ufer reichten.

Trotz des Motorengeräuschs, mit dem sie die Stille der Natur störten, glaubte Ella das Rauschen des Windes in den Baumkronen zu hören. Sie blickte an den Bergen empor, die sich auf einigen der Inseln erhoben, und beobachtete einen Weißkopfseeadler, das Wappentier der USA, wie er bedächtig seine Kreise zog und mit seinen scharfen Augen nach Beute suchte. Ein junger Hirsch ließ sich am Ufer blicken und verschwand gleich wieder. Über dem Festland hing grauer Nebel und verwandelte die Bäume in dunkle Schatten.

»Die meisten Leute denken, im Great Bear Rainforest gäbe es nur Wald«, erklärte Travis, »aber das stimmt nicht. Es gibt auch Berge, Gletscher, Eisfelder und Sümpfe. Ich bin froh, dass die Regierung unsere Heimat unter Naturschutz gestellt hat. Wir wurden zwar bei den Absprachen kaum mit einbezogen, aber alles ist besser, als die Natur den Konzernen und Ausbeutern zu überlassen. So wie jetzt, sah es hier schon vor ein paar Jahrhunderten aus. Wir hatten das Glück, dass wir sehr abseits liegen, und sich die weißen Siedler kaum für uns interessierten. Hier gab es weder Gold noch andere Bodenschätze, und unsere Wälder waren so dicht und unzugänglich und die Küste so zerklüftet, dass sie uns lange Zeit in Ruhe ließen.«

Ella hatte darüber gelesen und lauschte ihm gespannt.

»Bis die Holzfäller kamen.«

»Richtig. Vor allem wegen der Zedern«, fuhr Travis fort. »Ihr Holz ist widerstandsfähig, leicht zu bearbeiten und verspricht den größten Profit. Wussten Sie, dass einige der Bäume über tausend Jahre alt sind? So was holzt man nicht ab.«

Ella mochte den jungen Mann. Er wusste über seine Heimat zu erzählen, hatte sich wahrscheinlich gründlich informiert, schon um die Fragen der Urlauber beantworten zu können, die er auf seine Touren mitnahm, und liebte die Natur. Das erkannte sie an seinen leuchtenden Augen, als er den fliegenden Adler beobachtete, und wenn er über die Tiere berichtete, die im Great Bear Rainforest lebten. »Am bekanntesten sind die Bären«, berichtete Travis weiter, »sie haben dem Naturschutzgebiet auch seinen Namen gegeben. Grizzlies, Schwarzbären, … und Sie haben sicher von dem Spirit Bear gehört, einem Geisterbären mit weißem Fell. Ich habe ihn erst einmal gesehen, leider nur für ein paar Sekunden, dann war er wieder zwischen den Bäumen verschwunden. Und die Küstenwölfe natürlich. Die sind etwas leichter zu finden, wenn man so oft hier rumschippert wie ich, aber ich kenne Heiltsuk, die haben noch nie welche gesehen. Es gibt auch Elche, Hirsche, Berglöwen und vor der Küste natürlich Wale, Robben, Otter, Schildkröten und was sich sonst noch alles im Meer tummelt.« Er drehte am Ruder und wich einem Treibholz aus. »Einige Urlauber kommen nur wegen der Buckelwale. Die können zwischen den Inseln hier geschützt umherschwimmen.«

Sie hatten eine breite Wasserstraße erreicht und blieben in Ufernähe, als sich ein blau-weißes Fährschiff von *B. C. Ferries* näherte. Nicht so groß und luxuriös wie die Kreuzfahrtschiffe, die während des Sommers an der Küste von British Columbia entlang und weiter nach Alaska fuhren, aber doch ein wichtiger Teil des Landes, in dem es kaum Straßen gab und auch keine Eisenbahnen fuhren. »Inside Passage« nannte man die Wasserstraße, die einen windgeschützten Weg durch das Insellabyrinth bot und die Passagiere vor rauem Seegang schützte. Ein Begriff, den Ella aus den Anzeigen der bekannten Kreuzfahrtschiffe kannte.

Obwohl das Wetter nicht viel besser geworden war, standen einige Passagiere an der Reling des Fährschiffes und winkten ihnen zu. Das Schiff wirkte irgendwie deplatziert in der urwüchsigen Wildnis, zu groß und zu wuchtig, als wäre es ein Monster aus der Zukunft, das sich in eine Welt verirrt hatte, die es längst nicht mehr gab. Selbst der Motor ihres Fischerbootes wirkte störend in dieser scheinbar unberührten Natur. Der Einzige, der sich nicht stören ließ, war der einsame Weißkopfseeadler am Himmel, der weiter seine Kreise zog.

Sie überquerten die breite Wasserstraße und fuhren in einen natürlichen Kanal, der zwischen zahlreichen Inseln hindurch nach Norden führte. »Das ist der Spiller Channel«, erklärte Travis, »rechts sehen Sie Yeo Island, links die Don-Halbinsel. Sehen Sie die Bucht da vorn?« Er deutete nach Nordwesten. »Da hab ich die Wölfe zum letzten Mal gesehen. Vielleicht haben wir Glück. Wir haben Ebbe, da finden die Wölfe am meisten Nahrung am Strand und lassen sich am ehesten blicken.«

Ella und Chris gingen zum Bug und blickten durch ihre Ferngläser. Auch Travis hatte ein Fernglas dabei, verließ sich aber hauptsächlich auf seine scharfen Augen. Er hatte den Motor gedrosselt. Man hörte nur noch ein leises Tuckern, das die Wölfe nicht allzu sehr erschrecken würde. Dicht an der Küste entlang schipperte er weiter in die Bucht hinein, den nahen Waldrand ständig im Blick. Die Ebbe hatte den felsigen Strand freigelegt und mit Meerestieren wie Seesternen und Muscheln übersät. Der Tisch für die Küstenwölfe war also gedeckt.

Sie ließen nicht lange auf sich warten. Zwischen den Bäumen tauchte einer der Wölfe auf, ein kräftiges Exemplar mit grauem, teilweise rötlichem Fell und wachen Augen, die Ella aufmerksam zu beobachten schienen, als sie das Fernglas auf ihn richtete. Er war kleiner als andere Wölfe, und dabei drahtiger. Der Wolf behielt seine Umgebung genau im Blick, als er sich aus seiner Deckung wagte und den Strand betrat. Er knackte einige Muscheln und hob den Kopf, als sie sich ihm näherten. Ihm entging nichts. Seine Augen waren scharf, aber noch schärfer war sein Geruchssinn, der einen Eindringling in sein Revier schon witterte, bevor er in seine Nähe kam. Noch waren sie zu weit von ihm entfernt, um ihn zu bedrohen.

»Der Anführer«, erkannte Travis ihn sofort wieder. Er hatte den Motor abgestellt und ließ sein Boot mit den Wellen treiben. »Um diese Zeit gibt es genug Wild in den Wäldern, aber solchen Leckereien kann er nicht widerstehen.«

Auch wenn das Licht nur spärlich war, fotografierte Chris eifrig. Ein Experte für Natur- und Tierfotografien wie er bekam selbst unter widrigen Umständen brauchbare Fotos hin. Dennoch war er sehr anspruchsvoll und plante deshalb, einige Nächte in der Wildnis zu verbringen, um den Wölfen so nahe wie möglich zu sein und Fotos zu bekommen, mit denen er hundertprozentig zufrieden war. Ella hatte ihn nie in Aktion gesehen, aber gehört, dass er bei Beobachtern oftmals den Eindruck erweckte, er würde nur ein paar Schnappschüsse machen, weil er so schnell und präzise arbeitete, und den Blick für die perfekte Einstellung hatte.

Sie trieben in respektvoller Entfernung an dem fressenden Wolf vorbei. Travis wagte nicht, den Motor zu starten, ahnte wohl, dass der Wolf bei dem störenden Laut sofort das Weite suchen würde. »Es ist erst sein zweites Jahr als Anführer und er benimmt sich noch nicht so souverän wie andere Wölfe«, sagte er. »Er sorgt sich sehr um seine Familie und geht kein unnötiges Risiko ein.«

»Ist es okay, wenn wir morgen Abend an diesem Strand lagern?«, fragte Chris, ohne seinen Blick vom Sucher zu nehmen. »Werden uns die Wölfe akzeptieren? Und was tun wir, wenn ein Grizzly auftaucht und uns angreift?«

Travis grinste. »Dann haben Sie schlechte Karten! Aber im Ernst, die meisten Grizzlys treiben sich zurzeit an den Flüssen rum und fangen die Lachse auf ihrer Wanderung ab. Außerdem gehen sie Menschen, wenn möglich, aus dem Weg. Solange Sie keiner Grizzly-Mutter mit ihren Jungen in die Quere kommen, ist alles okay. Und die Wölfe … sie tun Ihnen nichts, sobald Sie erkennen, dass Sie ihnen nichts Böses wollen. Sie haben ein feines Gespür dafür, was jemand im Schilde führt. Wenn Sie wollen, bleibe ich morgen gern zur Unterstützung bei Ihnen.«

»Danke, ich komme zurecht«, erwiderte Chris. »Vor ein paar Wochen war ich in Afrika und hatte mit Elefanten und Löwen zu tun … ich bin einiges gewöhnt. Sie würden sich nur langweilen.« Er blickte Ella an. »Und du kommst ja auch mit?«

»Hast du gedacht, ich kneife?« Sie schüttelte den Kopf. »Wie soll ich denn über Wölfe schreiben, wenn ich sie nicht selbst beobachtet habe?« Ihr Lächeln fiel etwas zu höhnisch aus. »Keine Angst, ich gehe dir schon nicht auf die Nerven.«

Der Wolf war bereits verschwunden, als ein Schuss die Stille durchbrach. Sein Echo hallte unheilvoll über das Meer und verlor sich in dem nebligen Dunst. Einige Vögel stiegen erschrocken aus den Bäumen und flogen davon.

»Das kam von dort drüben!« Travis blickte zornig in Richtung Wald.

»War das ein Wolfskiller?«

»Oder ein Jäger. Wir sehen besser nach.«

»Ist das nicht zu gefährlich?«

»Hm … Ich mache mir Sorgen um den Anführer.«

Travis startete den Motor und lenkte sein Boot zur Küste. Er hätte sich mit verbundenen Augen in der Bucht zurechtgefunden, kannte jedes Hindernis und wusste, wo man auch bei Ebbe am besten anlegen konnte. Unterhalb einer Böschung vertäute er sein Boot an einem überhängenden entwurzelten Baumstamm. Es ging kaum Wind in der Bucht, und das Boot schaukelte nur leicht.

Sie kletterten einer nach dem anderen an Land. Alle drei mussten sich kräftig strecken, um festen Boden unter die Füße zu bekommen. Travis stapfte zügig zu dem felsigen Strand voraus, an dem sie den Anführer gesehen hatten, betrat den Wald und suchte nach Spuren. Er fand schließlich welche auf einem alten Jagdpfad. »Ein Wolf nimmt immer den direktesten und leichtesten Weg«, sagte er. »Bären sind anders, die lassen sich ständig ablenken und laufen kreuz und quer durch den Wald.«

Geduckt wie ein Krieger, der nicht gesehen werden wollte, folgte er dem Pfad durch meterhohe Farne und über moosbedeckte Baumstämme hinweg. Ella blieb dicht hinter ihm, und besah beeindruckt die riesigen Zedern, die hoch emporragten und den Himmel verdunkelten. Ihre Schritte waren auf dem feuchten Waldboden kaum zu hören. Das Sprudeln eines schmalen Baches war das einzige Geräusch, das an ihre Ohren drang. Ein Rabe meldete sich krächzend und flog anschließend davon. Raben genossen neben dem Wolf das größte Ansehen bei den Heilstuk und wurden nicht einmal von Wölfen gejagt.

Als sie den Waldrand erreichten, war Ella überrascht, schon wieder das Meer zu sehen. Bis zur anderen Seite der Insel waren es keine zwei Meilen. Erst bei genauerem Hinsehen entdeckte sie den verwundeten Wolf, der nahe dem Wasser auf den Felsen lag und heftig atmete. Blut quoll aus einer Wunde an seiner Seite.

»Das ist einer der jungen Wölfe«, rief Travis erschrocken.

Sie liefen zu ihm und gingen neben ihm in die Hocke. Der Wolf war bei Bewusstsein, blutete aber stark und schien unfähig, sich zu bewegen. Eine Kugel hatte ihn in den Hals getroffen, und selbst Ella erkannte sofort, dass ihm nicht mehr zu helfen war. Die Kugel hatte eine lebenswichtige Ader verletzt und die Blutung war nicht zu stoppen.

Sie blickte Travis traurig an. »Er muss sterben, nicht wahr?«

»Wir können nichts mehr für ihn tun.« Travis hatte sich vergeblich nach den Spuren des Schützen umgesehen. Ella beugte sich über den sterbenden Wolf und fuhr mit einer Hand über sein borstiges Fell. Seine Augen waren geschlossen. »Tut mir leid«, sagte sie zu ihm. »Ich hoffe, du musst nicht zu lange leiden, und es gibt einen Wolfshimmel, in dem du mit anderen Wölfen spielen und auf die Jagd gehen kannst.«

Der Wolf gab einen klagenden Laut von sich, der sie in der Seele traf. Einen Augenblick lang schien er zu versuchen, seinen Kopf zu drehen, dann gab er auf und sackte in sich zusammen. Seine Augen waren geöffnet, der Blick jedoch jetzt leer. Nur sein schwacher Atem verriet, dass er gerade noch am Leben war.

»Mach's gut, mein Freund!«, flüsterte Ella, als er seinen letzten Atemzug tat und sich auf die lange Reise ins Jenseits machte. Sie ließ die Hand sanft auf seiner Brust liegen, bis kein Herzschlag mehr zu spüren war. Ihre Augen waren feucht, als sie aufstand und sagte: »Ich wünsche dir eine gute Reise.«

»*Wnixsixa*«, sagte Travis bedrückt. »Leb wohl!«

# 6

Obwohl ihnen beim Anblick des sterbenden Wolfs beinahe der Appetit vergangen war, aßen sie während der Rückfahrt die mitgebrachten Sandwiches. Ella und Chris hatten sich in den Windschatten des Führerhauses zurückgezogen und hingen ihren Gedanken nach. Travis wählte die kürzeste Route nach Bella Bella und nickte erfreut, als Ella ihm einen Schokoriegel zum Nachtisch anbot.

»Schrecklich«, sagte Ella, »wie kann man nur so grausam sein? Wenn sie ihm dann wenigstens den Gnadenschuss gegeben hätten. Man sollte diese Tierquäler vor Gericht stellen. Und dann sind sie auch noch stolz auf ihre Abschüsse.«

»Das war in Kenia noch schlimmer«, erwiderte Chris, »da hab ich tote Elefanten mit abgesägten Stoßzähnen und Nashörner ohne Hörner gesehen, weil das gemahlene Horn für teures Geld verhökert werden sollte. Und amerikanische Millionäre erschießen halb bewusstlose Löwen und lassen sich in den sozialen Medien als Großwildjäger feiern. Ekelhaft!«

»Und die Regierung dort tut nichts dagegen?«

»Doch, und es soll während der letzten Jahre auch besser geworden sein, trotzdem wird sie wohl nicht verhindern können, dass Nashörner irgendwann aussterben.« Er wischte eine Brotkrume von seinen Lippen. »Das ist bestimmt nicht einfach für eine mitfühlende Autorin wie dich. Du bist betroffen und würdest diese Vergehen am liebsten in den Mittelpunkt stellen, arbeitest aber für eine Reisezeitschrift und sollst vor allem über Land und Leute und die Schönheit der Natur schreiben.«

»Lass mich nur machen«, sagte sie, »ich krieg das schon hin. Ich war schon immer dafür, in einer Reportage, auch wenn ich für ein Reisemagazin arbeite, nicht nur eitel Freude und Sonnenschein zu verbreiten, sonst könnten wir ja gleich die Texte der Touristeninformation nachdrucken. Unerwähnt lasse ich das Geschehen auf keinen Fall. Aber ich stelle es auch nicht in den Mittelpunkt.«

Als sie im Hafen festmachten, verabredeten sie sich mit Travis für den nächsten Morgen. Er würde sie nach Denny Island zum Wolf Center bringen. Sie hatten beschlossen, dort vorbeizuschauen, bevor es abends zum Übernachten in die Wildnis ging. Travis würde bei seiner Schwester warten, bis sie zurückfahren konnten. Sie arbeitete als Zimmermädchen in der *Shearwater Fishing Lodge*. »Wollen Sie lange im Wolf Center bleiben?«, fragte er. »Darlene, die Inhaberin, wohnt schon ewig hier und hat sicher viel zu erzählen.«

»Den ganzen Vormittag, hoffe ich doch. Wir melden uns übers Handy, sobald wir zurückfahren können. Und morgen Abend geht es wieder zu den Wölfen?«

»Um vier«, schlug er vor, »dann haben Sie genug Zeit, um Ihr Zelt aufzustellen und die Umgebung zu checken. Zelt und Schlafsäcke hab ich an Bord.« Er deutete auf das Bündel im Führerhaus. »Hab ich von meinem Grandpa.«

Chris lächelte. »Ein Chief hat so was.«

»Er war früher wochenlang in der Wildnis unterwegs.«

Sie erreichten den Hafen am späten Nachmittag. Das Wetter hatte sich gebessert, stellenweise spähte sogar die Sonne zwischen den Wolken hervor. Zahlreiche Fischer im Hafen nutzten das gute Wetter, um ihre Boote zu streichen oder ihre Netze zu flicken, andere waren länger als gewöhnlich draußen geblieben und noch damit beschäftigt, ihre Beute zu bergen. Auf einem der Boote saßen einige Männer zusammen, tranken Kaffee und pokerten um niedrige Einsätze.

Ella und Chris kehrten in ihr *Beach House* zurück, schnappten sich zwei Dosen mit Diet Coke aus dem Kühlschrank und machten es sich auf der rückwärtigen Veranda bequem. Die oben eingemieteten Angler waren noch unterwegs und würden erst am späten Abend zurückkehren. Die wenigen Tage, die sie in Bella Bella gebucht hatten, schienen ihnen fette Beute zu bringen. Wie die meisten Hotel- und Lodge-Besitzer an der kanadischen Küste bot auch Jeremy Harris seinen Gästen zu ihrem Glück an, die Fische zu filetieren und vakuumdicht für den Rückflug zu verpacken.

Ella blickte über das Meer nach Westen. Das Sonnenlicht, das es durch die Wolken nach unten schaffte, spiegelte sich im scheinbar endlosen Meer. Ein Anblick, der ihre Seele berührte und sie inneren Frieden verspüren ließ. Sie kannte die Aussicht aus Kalifornien, auch dort hatte sie es nicht weit zum Strand, und das Meer war der gleiche Pazifische Ozean wie hier. Und dennoch war vieles anders.

Das Meer wirkte geheimnisvoller an der kanadischen Küste, versetzte einen in melancholische Stimmung und brachte einen zum Nachdenken. Weniger »California Sunshine« und »Surfing USA«, mehr gespenstische Weite und Geheimnisse, die irgendwo unter der grauen Oberfläche verborgen lagen. Es war leiser und sehr viel einsamer als in den kalifornischen Urlaubszentren, aber auch urwüchsiger und ursprünglicher und mit einer üppigen Natur gesegnet, die seit einigen Jahrhunderten ihre wilde Pracht präsentierte. Sie war froh, über die Küstenwölfe berichten zu können, es war ein besseres Thema als Hawaii oder die Südsee.

»Ich bin gerne hier«, sagte sie, »die Küste hat was Magisches an sich. Ganz anders als in Kalifornien oder Florida. Als wären wir in einem vergessenen Land gestrandet, in dem die Zeit vor Tausenden von Jahren stehen geblieben ist.« Sie nippte an ihrer viel zu kalten Cola. »Du bist viel rumgekommen. Geht es dir genauso?«

»Du hast recht«, erwiderte er, »das Land nimmt einen im positiven Sinne gefangen. Für meine Fotos wird es vor allem auf das richtige Licht ankommen. Ich will die Wölfe so fotografieren, dass man das Gefühl hat, mitten unter ihnen zu sein. Du willst immer noch mit in die Wildnis?«

»Sicher. Hast du nach wie vor Angst, ich würde mich wie eine Amateurin benehmen und dir alles kaputt machen?«

»Nein, du bist ein Profi«, widersprach er. »Du weißt genau, was du willst, und lässt dich nicht so leicht unterkriegen. Keine schüchterne Maus, die Angst vor der Wildnis hat, aber auch keine dieser arroganten Journalistinnen, die für Blätter wie *Vogue* und diese politischen Magazine schreiben und glauben, die Weisheit mit dem Löffel gefressen zu haben. Mit so einer bin ich mal ... war ich einige Zeit zusammen. Ging voll daneben. Du bist ganz anders ... ehrlich.«

»Du meinst, ich bin nicht so arrogant wie du, als Melanie uns vorgestellt hat?«

»War ich so schlimm?«

»Schlimmer.«

»Tut mir leid, Ella.« Sein Lächeln war ihm eingefroren, aber er fing sich schnell. »Manchmal schieße ich übers Ziel hinaus und bräuchte eigentlich jemanden, der mich bremst. Ich kann ein ziemlicher Volltrottel sein, wenn es um Frauen geht. Dabei fand ich dich schon bei unserem ersten Treffen ausgesprochen nett. Und deinen Schreibstil finde ich extrem cool.«

»Ehrlich?«

»Ehrlich.«

»Nun ja«, versuchte sie ihre Verlegenheit zu überspielen, »und wir sollen ja auch nicht heiraten, sondern bloß möglichst gut zusammenarbeiten.« Schon während sie das sagte, bedauerte sie ihre Reaktion.

Chris ging zum Glück nicht näher darauf ein.

»Hast du schon mal ans Heiraten gedacht?«, fragte er nachdenklich.

»Ich? Nein ... mit echter Liebe war nicht viel. Hätte mich auch nur abgelenkt. Wenn du in unserem Job nicht hundert Prozent gibst, bist du schnell weg vom Fenster.« Sie blickte aufs Meer hinaus. »Ehrlich gesagt, ist mir auch nie der Richtige begegnet. Ich werde den Teufel tun und jemanden daten, mit dem ich mir auf keinen Fall eine Zukunft vorstellen kann. One-Night-Stands sind nicht meine Sache.«

Chris schwieg, was nur heißen konnte, dass er mehr als einen One-Night-Stand hinter sich gebracht und dabei eher schlechte Erfahrungen gemacht hatte. Er trank einen Schluck und wirkte tief in Gedanken versunken.

»Ich glaube, ich lege mich besser hin«, brach Ella das Schweigen. »Morgen wird ein anstrengender Tag und ich muss voll da sein, wenn ich Darlene interviewe.«

Später lag Ella noch lange wach und hatte ständig Chris' beinahe schüchternes Lächeln vor Augen. Eine Reaktion, die sie ihm gar nicht zugetraut hätte. Die Arroganz, die er bei ihrem Kennenlernen gezeigt hatte, hatte sich, zumindest für einen Augenblick, völlig verflüchtigt. Vielleicht, weil er gemerkt hatte, wie unhöflich er damals gewesen war? Weil er sie langsam mochte?

Sie nahm die Frage mit in den Schlaf, hoffte auf einen Traum, der sie beantwortete, wurde aber stattdessen von lauten Stimmen geweckt. Sie schreckte hoch und blickte auf ihren Radiowecker. Gleich fünf Uhr. Durchs Fenster sah sie, wie im Osten bereits der Tag erwachte, orangefarbenes Licht den Himmel verfärbte und das Meer noch geheimnisvoller und leuchtender erscheinen ließ.

Noch in ihren Schlafsachen trat sie ans Fenster. Draußen war niemand zu sehen. Sie schlich zur Tür, öffnete sie einen Spalt und sah die beiden Angler in der Küche stehen. Sie trugen bereits ihre Anglerkluft und standen vor der Kaffeemaschine. Frühmorgens fing man am meisten Fische, hieß es in Anglerkreisen.

»Sei doch leise«, sagte der eine gerade, »die beiden schlafen noch.«

»In getrennten Zimmern. Ich dachte, die gehören zusammen.«

»Was nicht ist, kann ja noch werden.«

Beide lachten und blickten in ihre Richtung, sahen sie aber glücklicherweise nicht. Einer der Männer war untersetzt und trug einen Schnurrbart, der andere war sehr schmal und wirkte eher wie ein Buchhalter.

»Diese Wolfsjäger vertreiben uns noch die ganzen Fische«, schimpfte der Bärtige. »Feiern mitten auf dem Meer wie College Kids während der Spring Break, und spucken große Töne, weil sie einen Wolf erschossen haben. Also, unter Jagd verstehe ich was anderes. Ich hab wenig für Wölfe übrig, wie du weißt, aber das ist einfach nur krank. Nur damit sie ihre blödsinnigen Selfies im Netz zeigen können. Hast du gesehen, wie die das zelebriert haben? Als hätten sie gerade einen Krieg gewonnen! Wir hätten gar nicht mit an Bord gehen sollen.«

Der Dünne schlürfte seinen Kaffee. »Immerhin haben sie uns ein Bier spendiert. War nur ein schwacher Trost, ich hatte schließlich gerade einen Zehnpfünder an der Angel. Ich hätte den Typen am liebsten eine aufs Maul gegeben, als sie uns gestört haben, aber die Mistkerle hatten Gewehre dabei und sahen nicht so aus, als würden sie sich das gefallen lassen. Die kamen mir eher wie Verbrecher vor. Denen schien das Töten großen Spaß zu machen. Da lasse ich mir lieber ein Bier spendieren.«

»Wie hieß der Typ mit dem Boxer-Gesicht?«

»Howie … Howie Dentz.«

»Stimmt, der hat mir ein Selfie nach dem anderen gezeigt. Über zehn Wölfe will er dieses Jahr schon abgeknallt haben, nicht nur hier an der Küste. Der hat einen richtigen Hass auf die Tiere. Zählt aber alles nicht, hat er gesagt. Er will nicht eher ruhen, bis der König der Wölfe vor ihm liegt. Der große Schwarze.«

»Cula … den wollten die anderen beiden auch«, erinnerte sich der Bärtige. »Angeblich ein heiliger Wolf bei den Einheimischen hier. Wenn die Jäger den töten würden, wäre ordentlich Rummel in den Medien, und man würde sie in ihren Kreisen wie Champions feiern. Dann wären sie die Könige. Nur gut, dass wir hier bald wegkommen.«

Der Dünne lachte zustimmend. »Wir sind die wahren Champions!«

Die Angler waren längst verschwunden, als Chris aus dem Bad trat und dankbar nach dem Becher Kaffee griff, den Ella ihm reichte. Diesmal hatte sie das Frühstück zubereitet. Sie berichtete ihm, was sie bei den Anglern mitgehört hatte, und aß einige Bissen, bevor sie sagte: »Drei Wolfsjäger … ihr Anführer heißt wohl Howie Dentz. Ich wette, das ist der Typ, der mich beobachtet hat. Sie haben die Angler auf ihr Boot eingeladen, und die hatten zu viel Angst, um irgendwas Kritisches zu sagen. Ich glaube, ich könnte mich nicht zurückhalten. Und wenn sie mir ein Gewehr unter die Nase halten würden. Die Wölfe aus Mordlust abzuknallen, und weil man scharf auf ein Selfie ist, das ist krank!«

Chris nahm einen Bissen Rührei und verzog genussvoll

das Gesicht. »Aber sie verstoßen nun mal gegen kein Gesetz. Gegen das ungeschriebene Gesetz der Heiltsuk vielleicht, wenn sie Cula erwischen, aber wen in der großen Welt interessiert das schon? Wir arbeiten für *Blue Horizons*, nicht für die *New York Times*. Also halt dich lieber zurück, okay?«

»Keine Angst, ich lege mich nicht mit ihnen an«, erwiderte Ella. »Aber ich hätte es lieber, wenn wir Cula vor ihnen finden würden. Dann könnten wir ihn vor den Wolfsjägern beschützen und hätten unser Cover. Und wir machen Cula so bekannt, dass er mehr Fürsprecher bekommt und sich keiner mehr an ihn herantraut.«

»Cula soll schlau sein, schlauer als alle anderen Wölfe. Das wird schwer.«

»Wir finden ihn.«


Im Hafen wartete Travis schon auf sie. Er war guter Dinge, verdiente in dieser Woche wahrscheinlich mehr als sonst und freute sich riesig, als Ella ihm eine Tüte mit zwei üppig belegten Sandwiches reichte. »Der Tag ist lang, und wie ich dich kenne, hast du sicher einen Riesenhunger«, sagte sie. Sie kletterten an Bord und legten ihre Sachen ab. »Du kennst die Chefin des Wolf Centers?«

»Darlene? Jeder auf den Inseln kennt Darlene. Sie kam vor vielen Jahren an die Westküste und war lange mit einem Fischer verheiratet, bis er während eines Sturms über Bord ging und nicht mehr zurückkam. Das Wohl der Tiere lag ihr schon immer am Herzen. Als sie einen angeschossenen Wolf im Wald fand, pflegte sie ihn gesund und gründete ihr Wolf Center für Wölfe und andere Tiere, die aus irgendwelchen Gründen in der Wildnis nicht überleben konnten.«

»Sie klang nett am Telefon.«

»Ist sie auch. Eine echte Lady, auch wenn sie derber als jeder Fischer fluchen kann. Sie muss an die Siebzig sein, genau weiß das niemand. Ich hab letzten Sommer für sie gearbeitet. Gute Arbeit, gute Bezahlung, aber auf Dauer nichts für mich. Ich kann ohne das Meer nicht leben, da draußen fühle ich mich wohler.«

Die Fahrt zur benachbarten Denny Island dauerte eine Viertelstunde. Das Wetter meinte es gut mit ihnen, die Sonne schien, das Meer war ruhig, und Ella, die sich sonst auf Booten nie sonderlich wohlgefühlt hatte, genoss die rasante Fahrt sogar. Sie machten am asphaltierten Anlegesteg in Shearwater fest, einer winzigen Siedlung, die vor allem durch seine *Fishing Lodge* bekannt wurde. Travis' Schwester hatte heute ihren freien Tag und holte sie am Steg ab. Sie umarmte ihren Bruder zur Begrüßung und zeigte ihnen dann den Weg zum Wolf Center. »Es sind keine zehn Minuten von hier, immer an der Küste entlang.«

Auch Darlene wartete schon auf sie. Sie wirkte sehr sportlich für ihr Alter und hatte ihre weißen Haare mit einem Gummiband zusammengebunden. Ihre Haut war beinahe so braun wie die der Heiltsuk. Sie trug Khakihosen, T-Shirt und Gummistiefel und lächelte gütig. Nach dem gegenseitigen Vorstellen führte sie sie an den Zwingern mit den Wölfen entlang. »Zurzeit haben wir sieben Wölfe hier«, berichtete sie. »Wiley ist unser Neuzugang.« Sie blieben vor einem abgetrennten Zwinger stehen, in

dem ein vielleicht zwei Jahre alter Wolf unruhig umher-
lief. »Er ist erst seit vier Wochen hier und muss sich erst
noch an uns gewöhnen.« Als Wiley auf Darlene aufmerksam wurde, kam er zum Gitter gerannt und ließ sich sogar
von ihr kraulen. Sie redete leise auf ihn ein und wandte
sich danach an Ella. »Ich habe ihn nach Wiley E. Coyote
benannt, einem Cartoon-Coyoten, der sich genauso toll-
patschig anstellt wie er. Sie sind wahrscheinlich zu jung,
um ihn zu kennen. Er war der Held meiner Jugend.«

Chris fotografierte Darlene, wie sie den Wolf streichel-
te, dann gingen sie langsam weiter. Im großen Zwinger
waren die anderen Wölfe und scherten sich wenig um sie.
Einer der Wölfe humpelte stark, ein anderer war durch
eine große Narbe im Gesicht gezeichnet. »Es würde leider nichts bringen, solche Wölfe auszuwildern«, sagte sie,
»denn sie würden keine zwei Tage in der Wildnis überleben. Wenn ein Wolf nicht mehr jagen kann, hat er keine
Chance mehr. Wir kümmern uns um einige dieser Tiere. Gemeinsam mit mir arbeitet hier ein Team von zehn
Leuten.«

»Und wie finanzieren Sie sich?«

»Durch Spenden und das Eintrittsgeld von Urlaubern,
die unser Wolf Center besuchen. Viele Leute, die mit *B. C.
Ferries* die Inside Passage hochfahren, schauen bei uns
vorbei. Aber große Sprünge können wir leider nicht machen.«

Ella beobachtete die Wölfe eine Weile und bewunderte
die Eleganz, mit der sich selbst der humpelnde Wolf bewegte. Als er sie anblickte, hatte sie das Gefühl, er könnte
bis tief in ihre Seele blicken. Wölfe waren ganz besonde-

re Tiere, glaubte sie inzwischen, die in den Legenden der Heiltsuk nicht umsonst eine so bedeutsame Rolle spielten. Von ihnen ging etwas Magisches aus, selbst hier.

»Sie arbeiten an einer Reportage über Küstenwölfe?«, vergewisserte sich Darlene. Als Ella nickte, ergänzte sie: »Über sie wird viel zu wenig berichtet. Außerordentliche Tiere, die sich perfekt an ihre Umgebung angepasst haben. Ich nehme an, Sie haben gründlich recherchiert und wissen, dass Küstenwölfe kleiner als ihre grauen Artgenossen auf dem Festland sind. Für die Jagd auf den Inseln und an der Küste müssen sie nicht stärker sein. Ihr Fell ist weniger dicht, weil es am Meer wärmer ist. Und es ist eher rötlich, manchmal sogar schwarz.«

»So wie bei Cula?«

»Sie haben von ihm gehört?« Wenn Darlene lächelte, wurden zahlreiche Falten in ihrem Gesicht sichtbar. »Ein legendärer Wolf, der angeblich alle Rudel der Inseln gegen die Wolfsjäger vereinen soll. Manchmal bezweifele ich, dass es ihn tatsächlich gibt, obwohl ich nichts dagegen hätte, wenn wahr wäre, was man über ihn erzählt. Die Wolfsjäger sind eine große Plage für dieses Land.«

»Gestern haben sie wieder einen Wolf getötet«, sagte Ella. »Wir waren bei ihm, als er starb. Sie haben ihn verbluten lassen, ihm nicht mal den Gnadenschuss gegeben. Er ist vor unseren Augen umgekommen. So was muss doch selbst bei den seltsamen Gesetzen, die es gegen Wölfe gibt, verboten sein.«

»Ist es auch«, erwiderte Darlene, »kümmert aber keinen.«

»Sie sind keine blutrünstigen Bestien, oder?«

»Wölfe sind Raubtiere und töten andere Tiere, um überleben zu können, ähnlich wie es die Menschen auch tun. Aber sie töten nicht aus reiner Mordlust wie manche Wolfsjäger. Sie haben genug damit zu tun, in diesem rauen Land am Leben zu bleiben. Sie fressen Krabben, Muscheln, Seesterne, und wenn irgendwo eine Robbe gestrandet ist, greifen sie auch die an. Sie fressen auch Hirsche und andere Landtiere, und wenn es hart auf hart kommt, auch Beeren.«

Ella erfuhr noch so einiges mehr über die Küstenwölfe. Dass die Anführer eines Rudels, der Alpha-Wolf und die Alpha-Wölfin, gleichberechtigt waren, dass sie Spaß verstanden und sich rührend um ihre Welpen kümmerten, dass manche Rudel aus über fünfzehn Wölfen bestanden, und sich die ersten Wölfe während der Eiszeit an der Küste niedergelassen hatten, weil es nur dort kein Eis gab. Während Darlene erzählte, war Chris vor den Zwingern und fotografierte die Wölfe.

Nach dem Interview trafen sie sich mit Travis und seiner Schwester im Restaurant der *Fishing Lodge* und luden die beiden zum Mittagessen ein. Cheeseburger mit Pommes, genau das Richtige zur Stärkung vor ihrem Aufenthalt in der Wildnis.

# 7

In Bella Bella hielt Travis eine Überraschung für Ella und Chris bereit. Außer dem Zelt und den Schlafsäcken hatte er ein kleines Schlauchboot mit Außenbordmotor organisiert, das ihnen mehr Bewegungsfreiheit in der Bucht geben würde. »Aufs offene Meer würde ich aber nicht damit rausfahren«, warnte er, »für starke Wellen wurde das Ding nicht gebaut.« Er lächelte stolz. »Hab ich von einem Verwandten. Sie wissen, wie man einen Außenbordmotor bedient?«

»Sicher«, antwortete Chris.

»So einigermaßen«, sagte Ella. »Und was verlangt der Verwandte dafür?«

»Keine Sorge, weniger als für einen Mietwagen.«

Die beiden freuten sich über den guten Deal. Vor allem Chris, der vom Boot aus noch einen anderen Blickwinkel für seine Fotos haben würde. Der Auftrag war eine besondere Herausforderung für ihn, nicht nur wegen des wechselhaften Wetters an der kanadischen Westküste. »Wilde Tiere in freier Wildbahn sind schwerer zu fotografieren, als man denkt«, sagte er. »Man braucht unendlich viel Geduld. Ich war sechs Wochen in Afrika, sonst hätte das nie geklappt. Eine Safari reicht nicht, ich war tagelang mit einem Guide unterwegs und hatte großes Glück, als wir auf einen Löwen stießen, der gerade dabei war, einen anderen aus seinem Revier zu treiben. Den Riesen hättest du sehen sollen. Ich war froh, dass ich einen bewaffneten Guide dabeihatte.«

»Den brauchen Sie hier nicht«, erklärte Travis, »zumindest nicht auf den Inseln. Da gibt es kaum Grizzlys. Und die Wölfe lassen einen in Ruhe, wenn sie merken, dass man ihnen nichts Böses will. Sie müssen ihr Vertrauen gewinnen. Reden Sie mit ihnen, sagen Sie ihnen, dass sie als Freunde kommen.«

Sie folgten dem gleichen Kurs wie beim letzten Mal, nur war die Fahrt diesmal wesentlich aufregender. Am Himmel waren einige Wolken aufgetaucht und filterten das schwache Sonnenlicht. Das Meer zeigte sich in einem geheimnisvollen Grau, nur wo das Licht aufs Wasser traf, leuchtete es grün. In den Bergen, die sich auf den umliegenden Inseln erhoben, hingen Nebelbänke wie erstarrter Rauch über den dunklen Bäumen. Am Ufer krächzte ein Raubvogel.

Travis sah die massigen Körper, die sich aus dem Meer erhoben, zuerst. Er drosselte den Motor und fuhr näher heran, ohne ihnen zu nahe zu kommen. Die Gefahr, sie zu verletzen oder selbst verletzt zu werden, war zu groß. »Zwei Buckelwale. Sie sind früh dran. Die meisten lassen sich erst im September blicken.«

Als wüssten die riesigen Tiere, was die Beobachter von ihnen erwarteten, boten sie ein eindrucksvolles Schauspiel. Von ihrem Schwung getragen, stiegen sie in leuchtender Gischt aus dem Wasser, reckten ihre massigen Körper dem Licht entgegen, klatschten gegeneinander und versanken in scheinbarer Zeitlupe wieder im Meer. Ihre breiten Schwanzflossen, stark genug, um ein größeres Fischerboot zu versenken, ragten bedrohlich aus dem Wasser. Schäumende Fontänen spritzten nach allen Seiten, und die Wellen, die sich kreisförmig ausbreiteten, brachten das Boot zum Schaukeln. Travis steuerte mit aufheulendem Motor dagegen an, konnte aber nicht verhindern, dass es so stark zu schaukeln begann, dass Ella und Chris beinahe das Gleichgewicht verloren. »Festhalten!«, rief Travis und steuerte von den Walen weg in ruhiges Wasser.

Ella war beeindruckt. Sie war schon mal auf einem Whale Watching Trip gewesen, in San Diego vor vielen Jahren, war den Walen aber noch nie so nahe gekommen wie hier. Die unmittelbare Nähe zu so starken und mächtigen Tieren, das Gefühl, nur die Hände ausstrecken zu brauchen, um sie zu berühren, zeigte ihr, wie unterlegen man der Natur und ihren Kräften war. Sie hatte mal etwas über Walfänger gelesen. So mancher dieser mutigen Männer war unter den wuchtigen Hieben eines Wals gestorben, weil er seine Kräfte unterschätzt hatte. Wer sich gegen einen Wal stellte, ging ein tödliches Risiko ein, auch wenn der Wal einen Menschen sonst nicht als gefährlichen Widersacher betrachtete.

Noch immer nass vom Wasser, das der Wal verspritzt hatte, erreichten sie die Bucht. Da inzwischen die Ebbe begonnen hatte, setzte Travis sein Boot in den Sand. Mit der Flut, die in ungefähr einer Stunde anfangen würde, könnte er es problemlos aus der Bucht steuern. Von den Wölfen war nichts zu sehen, und es war ungewöhnlich still, als sie von Bord kletterten. Sie trugen das Zelt und ihr Gepäck an Land und verstauten das Schlauchboot so, dass es nicht von der nächsten Flut davongetragen wurde.

Travis half ihnen, das Zelt unterhalb einer mit Büschen bewachsenen Böschung aufzustellen. Er hatte sogar Luftmatratzen und eine Isomatte mitgebracht. Sie rollten die Schlafsäcke darauf aus, überprüften die Zeltstangen und bedankten sich bei Travis für die Hilfe.

»Ich bin sicher, die Wölfe lassen sich heute noch blicken«, sagte Travis. »Sehen Sie sich an, was bei Ebbe alles am Strand rumliegt. Das reinste Festmahl, es sei denn, es wurde irgendwo anders eine tote oder verletzte Robbe angespült.«

»Wollen wir's hoffen«, erwiderte Chris, »das Licht wäre perfekt.« Er schüttelte ihm die Hand. »Vielen Dank und bis übermorgen. Holen Sie uns gegen Nachmittag ab?«

»Geht klar. Viel Glück beim Fotografieren!«

Die Flut hatte eingesetzt, und Travis brauchte nicht lange zu warten, bis sein Boot wieder Wasser unter den Kiel bekam und er losfahren konnte. Er winkte ihnen zu und fuhr an der Küste entlang aus der Bucht. Der Junge war ein Glücksfall, dachte Ella, er hatte ihnen einige Arbeit abgenommen. Ohne ihn wäre es vielleicht schwierig geworden, jemanden zu finden, der die richtigen Leute und Ort kannte. Und der Preis, den er verlangte, war für den Service völlig in Ordnung.

Nachdem er verschwunden war, kehrte Stille ein, und sie blieben minutenlang schweigend stehen und erfreuten sich an der urwüchsigen Natur. Als wären sie an einem heiligen Ort, in einer Kathedrale oder einem Kloster, so andächtig und friedvoll kam ihnen die Stille vor. Sie zelteten auf einer Lichtung, die bis weit in den Wald hineinreichte, eine mit üppigem Gras und Flechten bewachsene Oase, die von zahlreichen Hügeln durchzogen war. Klobige Felsen ragten am Waldrand empor, dunkelgraues Geröll bedeckte den Strand.

Von ihrem Zelt aus hatten sie eine perfekte Aussicht auf den Strand, der mit der Flut immer schmaler wurde, aber noch genug von der angeschwemmten Nahrung für die Wölfe übrig ließ. Ungefähr zehn Schritte von ihnen entfernt sprudelte ein schmaler Bach zum Meer hinab, eine natürliche Grenze zum Terrain, das die Wölfe für sich beanspruchen würden. Es war eine markante Linie, aber nicht deutlich genug, um im Notfall einen wütenden Wolf davon abzuhalten, sie zu überqueren.

»Spannend«, sagte Chris.

»Und nicht ungefährlich«, erwiderte Ella.

»Angst?«

»Höchstens davor, dass die Wolfsjäger wieder auftauchen. Der Anblick des Wolfs, den sie angeschossen hatten, geht mir nicht aus dem Kopf. Einen so grausamen Tod hat ein Tier nicht verdient. Ich frage mich immer noch, warum sie ihm nicht den Gnadenschuss gegeben haben, nachdem sie die Selfies gemacht hatten. Weil sie den verletzten Wolf leiden sehen wollten?«

Chris war schon dabei, seine Kameras zu überprüfen. Die Wölfe konnten jeden Moment auftauchen, und er wollte bereit sein. »Männer wie die haben kein Herz, sonst würden sie gar nicht erst von sonst woher anreisen, nur um Wölfe zu töten und blödsinnige Selfies im Internet veröffentlichen zu können.«

»Als ob es nicht schon genug Leid gäbe.«

Am Waldrand erschien ein Schatten. Der Anführer des Rudels, wahrscheinlich derselbe, den sie beim letzten Mal gesehen hatten, trat vorsichtig zwischen den Bäumen hervor und blickte in ihre Richtung. Obwohl der Wind in ihre Richtung blies, hatte er sie anscheinend gewittert. Er prüfte, ob der Strand sicher für sein Rudel war, ging ein paar Schritte vorwärts, blieb wieder stehen und blickte sie an.

Chris fotografierte, blieb aber stehen, um den Wolf nicht zu verwirren. Als er in die Hocke ging, bewegte er sich so langsam näher, dass sein Gegenüber sich nicht bedroht fühlte. Der Wolf war noch weit entfernt, aber nahe genug, um von Chris mit seinem leistungsstarken Objektiv erfasst zu werden. Das eindrucksvolle Porträt eines Küstenwolfs, eines Alpha-Wolfs und Anführers eines großen Rudels war geschafft.

Als der Wolf sich ihnen weiter näherte, berührte Ella die Schulter des Fotografen. »Komm hoch!«, flüsterte sie. »Wir dürfen uns nicht zu klein machen.«

So hatte Ella es aus Büchern und in ihren Interviews erfahren. Mach dich groß, wenn ein Wolf auf dich zukommt, zeige ihm, dass du viel zu groß bist, um in sein Beuteschema zu passen. Mach ihm klar, dass du nicht fliehen wirst.

Der Wolf näherte sich dem Ufer des Baches, zögerte kurz und überquerte ihn schließlich. Ella lief es kalt den Rücken herunter. Was hatte er vor? Fühlte er sich durch Chris und sie bedroht? Betrachtete er sie als mögliche Feinde, die man vertreiben musste? Würde er sie angreifen oder sein ganzes Rudel auf sie hetzen?

Ihre Sorge war unbegründet. Nach zwei weiteren Schritten blieb der Wolf stehen und musterte sie eher neugierig, wie jemanden, den man in dieser Gegend am wenigsten erwartet hätte. Er bewegte sich kaum noch, blickte verantwortungsvoll herüber, und schien nur an den Schutz seines Rudels, das gleichzeitig seine Familie war, zu denken. Sie zu beschützen, war seine große Aufgabe, nur für sie schlug sein Herz.

Ella fühlte sich unbehaglich. Hatte das Rudel schon den toten Wolf entdeckt? Wussten sie, wer für seinen Tod verantwortlich war? Schoben sie allen Menschen die Schuld dafür zu, oder spürten sie, wer sie am liebsten ausrotten wollte, und wer freundlich gesinnt war? Spürten Wölfe ein Verlangen nach Rache?

Der Wolf blickte Ella an, und etwas Seltsames geschah. Als sich ihre Blicke trafen, und sie in seine bernsteinfarbenen Augen sah, spürte sie eine seltsame Verbundenheit mit ihm. Eine magische Verbindung, die keinen Platz für Feindschaft ließ. Einen Zauber, der alles vergessen ließ, was sie jemals über Wölfe gehört hatte, die Legenden und Märchen und Verunglimpfungen, die über sie im Umlauf waren. Sie fühlte seinen Blick bis tief in ihre Seele.

»Hallo, mein Freund!«, begrüßte sie sanft den Wolf. »Wir sind deine Freunde. Wir sind hier, um dich zu fotografieren und von dir und deinem Rudel zu lernen. Wie ihr lebt, wie ihr euch ernährt, wie ihr euch von euren Verwandten auf dem Festland unterscheidet. Die Menschen sollen möglichst viel über euch erfahren, dann haben sie keine Angst mehr vor euch, und es geschieht kein Unrecht mehr. Vertrau uns, mein Freund! Wir wollen euch nur besuchen.«

Der Wolf schien sie zu verstehen. Ein Blitzen in seinen Augen bedeutete ihr, dass er keinen Groll gegen sie hegte, dann drehte er sich um, lief zum Waldrand zurück und holte sein Rudel an den Strand. Einer nach dem anderen folgten die Wölfe seinem Ruf und machten sich über die Muscheln, Krabben und verendeten Fische im Geröll her. Nur die Alpha-Wölfin warf ihnen einen neugierigen Blick zu, doch sie verließ sich genauso auf ihren Anführer wie die anderen Wölfe. Sie brauchten keine Worte, um sich zu verständigen.

Ella besaß einige Erfahrung mit Fotografen und hütete sich, Chris bei seiner Arbeit zu stören. Sie beobachtete die Wölfe, jeden einzelnen von ihnen, und fand bestätigt, worüber sie gelesen und was Darlene ihr gesagt hatte. Jeder Wolf besaß seinen eigenen Charakter. Der Anführer war ein erfahrener und umsichtiger Alpha-Wolf, der das Wohl seines Rudels über alles stellte. Die Alpha-Wölfin war genauso vorsichtig und außerdem streng mit ihren Nachkommen, obwohl einige von ihnen schon über ein Jahr alt und beinahe ausgewachsen waren. Die Welpen, die sie in diesem Frühjahr geboren hatte, durften die erwachsenen Wölfe schon auf der Nahrungssuche begleiten, waren aber noch auf sie angewiesen.

Nachdem sie sich an den gestrandeten Meerestieren satt gefressen hatten, spielten die jungen Wölfe am Strand, aufmerksam beobachtet von einem der älteren Wölfe, der wohl eine Art Babysitterrolle übernommen hatte. Im Spiel übten sie bereits alles, was ihnen als Ausgewachsene helfen würde: Kraft, Schnelligkeit und geschickte Manöver beim Angriff auf eine Beute. Sie schienen jetzt schon zu wissen, dass sie in der Wildnis nur überleben würden, wenn sie sich an die Regeln des Rudels hielten. Chris fotografierte scheinbar mühelos, kletterte auf den Felsen hinter dem Zelt, um einen noch besseren Winkel zu haben und freute sich über das warme Licht, das an diesem Abend über die Lichtung fiel. Erst nachdem die Wölfe im Wald verschwunden waren, verstaute er seine beiden Kameras.

Ella zeigte sich ähnlich beeindruckt wie er, gab ihm High Five und sagte: »Das war so ziemlich das Eindrucksvollste, was ich jemals gesehen habe. Einfach unvorstellbar, dass wir so dicht an die Wölfe herankommen.«

Chris grinste zufrieden. »Das ist doch mal einen Schluck von unserem heißen Tee wert. Haben wir noch Schinken-Käse-Sandwiches im Rucksack?«

»Für jeden eins, XXL-Größe, und einen Überraschungsnachtisch.«

»Wow! Das klingt köstlich.«

Ella zauberte eine Dose mit gesüßten Pfirsichen aus ihrem Rucksack und zog den Deckel auf. Mit ihrer Gabel fischte sie einen halben Pfirsich aus dem Sirup und ließ ihn probieren. »An der frischen Luft schmeckt er doppelt gut.«

»Das ist wahr«, sagte er. »Und was bleibt uns für morgen?«

»Chili con Carne aus der Dose und die gute Schokolade.«

»Dann kann ja nichts passieren.«

Nichts hob die Stimmung mehr als der Abend nach einem Tag, an dem alles so gelaufen war, wie man es sich vorgestellt hatte. Und wenn man in der Gesellschaft eines Mannes war, den man auf einmal unglaublich sympathisch fand, dachte Ella. Sie hätte sich lieber die Zunge abgebissen, als Chris zu schmeicheln und wunderte sich selbst am meisten, wie sehr er seit ihrer Abreise zum Positiven verändert hatte. Sie fühlte sich wohl in seiner Gegenwart und hätte sich am liebsten an ihn gekuschelt, hielt sich aber bewusst zurück, auch weil sie sich nicht sicher war, dass ihre plötzliche Zuneigung nicht der Abgeschiedenheit und dem melancholischen Zauber der Landschaft geschuldet war. Hier wirkten magische Kräfte.

Okay, er war von sich und seiner Arbeit überzeugt, aber das vollkommen zu Recht. Und waren das nicht alle Künstler? Sie hatte einige seiner Fotos auf den Displays seiner Kameras gesehen und war mehr als angetan. Er verstand es, die Stimmung der entlegenen Bucht und der Wölfe einzufangen. Immerhin gehörte er nicht zu den Angebern, die bei jeder Gelegenheit damit prahlten, rund um den Globus unterwegs zu sein und jeden Winkel der Erde zu kennen. So wie manche Star-Fotografen, die ständig die Namen der Promis herunterbeteten, die sie mit ihrer Kamera erwischt hatten. Wenn sie es sich recht überlegte, war er inzwischen sogar sehr zurückhaltend und nicht mehr so überheblich wie in der Sushi-Bar, in der sie mit Melanie gesprochen und sich kennengelernt hatten.

»Könntest du dir vorstellen, in Bella Bella zu wohnen?«, fragte sie.

»Ein bisschen abgelegen«, antwortete er kauend. Das Sandwich schmeckte ihm anscheinend. Er schluckte den Bissen herunter. »Eigentlich kann ich mir überhaupt nicht vorstellen, irgendwo zu wohnen. Ich betrachte meine kleine Wohnung in L.A. als Basiscamp, habe meine Fototasche und meinen Pass griffbereit in einer Schublade liegen und muss jederzeit aufbrechen können. Ich bin ein Wanderer. Mein Zuhause ist dort, wo ich gerade fotografiere.«

»Klingt verlockend. Manchmal denke ich genauso.«

»Nur manchmal?«

»Ich bin mir noch nicht sicher«, sagte sie. »Auch ein fester Wohnsitz hat was für sich. Als Wanderin brauchst du einen guten Vertrag, sonst bist du irgendwann pleite und landest in irgendeinem Vierzig-Stunden-Job. Nichts für mich.«

»Du musst nur gut genug sein, und ich wette, das bist du.«

Sie blieben im Freien sitzen, bis die Dämmerung hereinbrach. Einerseits wegen der schönen Umgebung und der frischen Luft, aber auch weil beide es seltsam fanden, nebeneinander im selben Zelt zu schlafen, nur eine Handbreit voneinander entfernt. Chris fotografierte den Sonnenuntergang und hielt sich möglichst abseits, während Ella sich in dem schmalen Bach wusch und Shorts und T-Shirt für die Nacht anzog.

Sie lag bereits mit dem Gesicht zur Zeltwand und stellte sich schlafend, als Chris ins Zelt kam und neben ihr in seinen Schlafsack kroch. Er war ihr so nahe, dass sie seinen Atem im Nacken spürte.

Ungefähr eine halbe Stunde war vergangen, und sie war immer noch wach, als sie hörte, wie er sich aufsetzte und zu ihr herüberbeugte. Für einen winzigen Moment spürte sie seine Lippen auf ihrer Wange, dann legte er sich wieder hin.

Sie lächelte in sich hinein und war heilfroh, dass es dunkel war.

# 8

Zum Frühstück begnügten sie sich mit Kaffee, den sie auf einem mitgebrachten Campingkocher erhitzt hatten, etwas Obst und einigen Keksen. Ihr erster Blick galt dem Waldrand, aber noch hatte die Ebbe das Wasser nicht weit genug zurückgedrängt, und die Wölfe ließen sich nicht blicken. Der Himmel war leicht bewölkt, und frischer Wind blies über den Strand und die zurückweichende See.

»Gut geschlafen?«, fragte Chris. Von Verlegenheit keine Spur.

Ella tat sich etwas schwerer. Der flüchtige Kuss brannte noch immer auf ihrer Wange. »Sicher. Erinnert mich an meine kurze Zeit bei den Girl Scouts.«

»Du warst bei den Pfadfinderinnen?«

»Nur ein paar Wochen, dann hatte ich genug«, erwiderte sie. »Da ging es mir zu militärisch zu, und Befehle zu befolgen war noch nie mein Ding. Ständig mit anderen Mädchen rumzuhängen erst recht nicht. Wenn wir nachts zu zehnt in einem großen Zelt lagen, musste ich mir so viel Blödsinn und Gekicher anhören, dass ich am liebsten davongerannt wäre. Bin ich einmal auch. Hab mir meinen Schlafsack geschnappt und mich neben das Feuer gelegt.«

Er grinste. »Ella, die Rebellin.«

»Ich schwimme gern mal gegen den Strom.«

Chris war mit seinen Augen schon wieder am Waldrand, dort bewegte sich etwas. Diesmal ließ sich die

Alpha-Wölfin blicken. Mit stolz erhobenem Kopf kletterte sie auf einen Felsvorsprung und blickte prüfend auf den Strand hinab. Eine geborene Anführerin, die sich ihrer Stärke, aber auch ihrer Eleganz und Schönheit voll bewusst war. Nur in ihren Augen war das Misstrauen zu erkennen, das sie besonders seit dem Tod eines der jungen Wölfe verspüren musste. Mit den Heiltsuk lebten die Wölfe und ihre Artgenossen in Frieden, mit den Wolfsjägern waren ihre wahren Feinde gekommen, die es darauf abgesehen hatten, alle Küstenwölfe zu töten.

Chris begab sich schon wieder in Aktion. Die Wölfin auf dem Felsvorsprung war ein Bild, das von der Position an »Der König der Löwen« erinnerte und sicher Eindruck machen würde. Eine Doppelseite, wie Chris so gern sagte. Ella beobachtete das Tier ebenfalls und dachte bereits an passende Formulierungen. Den Vergleich mit »Der König der Löwen« würde sie auf jeden Fall bringen und beschreiben, wie stolz und selbstbewusst sie sich auf dem Felsen postiert hatte, eine wahre Königin.

Die Robbe, die in das flache Wasser geraten war und auf dem felsigen Strand liegen blieb, entdeckte die Wölfin sofort. Eine fette Beute, die sie aber nur besiegen würden, wenn sie als Rudel gemeinsam angriffen und ihr keine Möglichkeit zur Flucht ließen. Die Anführerin zögerte keinen Augenblick und rannte los. Indem sie zum Strand hinabstürmte, alarmierte sie den Alpha-Wolf und den Rest des Rudels, das sofort reagierte und aus dem Wald gerannt kam. Chris kam kaum mit dem Fotografieren nach, so schnell spulte sich die Szene vor ihren Augen ab. Obwohl es sich bei der Robbe um ein kleineres Tier handelte, nicht einmal so groß wie ein junger Hirsch oder ein Schaf, kannten die Wölfe seine Geschicklichkeit, sobald es im Wasser war, und versperrten ihm deshalb geschickt durch ein blitzschnelles Manöver den Rückweg. Jeder Wolf wusste genau, was er zu tun hatte. Zwei packten die Beute, zwei weitere packten ihre Kehle und bissen kräftig zu, die anderen sicherten die Wege ab und wagten sich erst heran, als der Anführer den Tod der Robbe signalisierte.

Das Vorgehen der Wölfe war kein angenehmer Anblick, verursachte bei Ella sogar leichte Übelkeit, gehörte aber ebenso zum Leben in der Natur wie die Geburt von neuem Leben. Ein Teil des Kreislaufs, der unablässig für den Fortbestand des Lebens in der Wildnis war. Alles in der Natur geschah aus einem bestimmten Grund. Selbst die Kadaver hatten noch einen Nutzen, zerfielen zu Überresten, die den Boden düngten und neuen Lebensraum für Tiere und Pflanzen schufen.

Die Erlegung der Robbe war ein Fest für das Rudel. Es kam selten vor, dass sich eine Robbe von der Ebbe austricksen ließ und am Strand liegen blieb. Ein Geschenk des Himmels, das die Wölfe in Feierlaune versetzte. Nachdem sie sich satt gefressen hatten, tollten vor allem die Jüngeren ausgelassen am Ufer herum.

Die Wölfin hatte längst wieder ihren Platz auf dem Felsvorsprung eingenommen, versuchte mögliche Gefahren zu wittern und war besonders aufmerksam. Ihre Augen waren überall, auch bei Chris und Ella, an die sie sich jedoch langsam gewöhnt hatte und wusste, dass von ihnen keine Gefahr ausging. Erst als einer der jüngsten Wölfe neugierig wurde und sich ihnen näherte, an dem Bach stehen blieb und wohl daran dachte, ihn zu überqueren, griff sie ein. Mit ein paar schnellen Sprüngen war sie bei ihm und drängte ihn zu den anderen zurück.

»Sie sieht keine Gefahr in uns, aber ist immer noch vorsichtig«, sagte Ella.

»Sie macht nichts, solange sie keine Angst um ihre Jungen bekommt«, erwiderte Chris. »Hast du in ihre Augen gesehen? So ganz vertraut sie uns noch nicht.«

»Sie hat das Sagen … nicht der Anführer.«

Chris grinste. »Wie in den meisten Familien.«

Während der Mittagszeit zogen sich die Wölfe in den Wald zurück. Die Flut war dabei, die letzten Meerestiere auf dem Strand zu überspülen, und die Wölfe waren von ihrem unerwarteten Festmahl ohnehin so satt, dass sie dringend etwas Ruhe brauchten. Ella stellte sich vor, wie sie sich im Schatten einiger Bäume auf den moosbedeckten Boden legten und zufrieden ins Halbdunkel blickten, und freute sich für sie. Allein der Gedanke, die Wolfsjäger könnten dieses Rudel noch einmal aufschrecken, machte ihr Angst. Ihre Bindung zu den Wölfen war an diesem Morgen noch einmal gewachsen, sie fühlte sich für ihr Wohl mitverantwortlich, als hätte sie lange unter ihnen gelebt. Eine äußerst seltsame Vorstellung, die sie von Filmemachern und Tierforschern kannte, die oftmals ein Jahr unter Tieren verbrachten und wie einer von ihnen fühlten.

Sie mochte diese Küstenwölfe. Weil sie so stark und selbstbewusst waren und sich in einer rauen Umgebung zu behaupten wussten. Weil sie es jahrzehntelang geschafft hatten, sich die Zivilisation vom Hals zu halten, und sich auf perfekte Weise an die Wildnis angepasst hatten. Sie ernährten sich nur von dem, was der Wald und das Meer ihnen gaben, waren mit den Heiltsuk ein heiliges Bündnis eingegangen und lebten im Einklang mit einer üppigen Natur, die sich in ihrer Abgeschiedenheit und unter Naturschutz frei entfalten konnte. Gerade noch rechtzeitig schienen die Menschen erkannt zu haben, dass sie mit der Zerstörung dieser einzigartigen Wildnis einen großen Fehler begehen würden.

Zum Mittagessen aßen Ella und Chris von dem mitgebrachten Schinken und den Biskuits, die sie eingepackt hatten, und tranken frisches Wasser aus dem Bach. Chris wärmte den Kaffeerest vom Morgen auf und gönnte sich ein Bier.

»Was fotografierst du eigentlich am liebsten?«, fragte Ella neugierig.

»Ich bin am liebsten draußen«, antwortete Chris, »sowas wie heute Morgen kommt meinem Ideal schon ziemlich nahe. Oder die Löwen und die Wanderung der Tiere in der Serengeti, das sind einmalige Erlebnisse.« Er trank von seinem Bier und grinste. »In einem Studio würde ich ungern arbeiten. Porträts schieße ich lieber von alltäglichen Menschen, spontan, ohne lange Vorbereitung. Wenn Melanie mich in eines dieser großen Resort-Hotels schickt und ich den ganzen Tag am Strand oder auf Terrassen rumhänge und Models fotografiere, breche ich nicht gerade in Jubel aus. Das Schlimmste sind Hochzeitsfotos.« Sein Grinsen wurde breiter. »Nun ja, vielleicht mache ich bei deiner Hochzeit mal eine Ausnahme.«

»Ich heirate sowieso nicht. Jedenfalls nicht in nächster Zukunft.«

»Weiß man's?«

»Ich denke schon.«

»Hm, ich wäre wahrscheinlich sowieso eifersüchtig.«

Ella zuckte zusammen. Ihr waren zwar ähnliche Gedanken wie ihm durch den Kopf gegangen, aber dass er so unverblümt reagierte, überrumpelte sie. Wahrscheinlich war ihm die Antwort nur so herausgerutscht, so rot, wie er plötzlich anlief.

Sie wurde ebenfalls verlegen. »Echt jetzt?«

»Äh … nun ja …« Er gab sich einen Ruck. »Okay, wenn du's genau wissen willst, ich mag dich. Ich weiß, ich hab mich vor dir aufgespielt und den coolen Macho raushängen lassen, aber … verdammt, ich mag dich wirklich sehr, Ella!«

»Und warum küsst du mich dann nicht?«

»Weil … weil du mich ganz nervös machst!«

Chris kam näher und Ella schlang bereitwillig die Arme um seinen Hals und erwiderte seinen Kuss. Sie spürte seine Hände auf ihrem Rücken, fest und doch unsagbar sanft, fühlte die Wärme seines Körpers und seine Erregung. Für einen langen Moment verlor sie den Boden unter den Füßen, sie schien in einer rosaroten Wolke in der Luft zu schweben, ein Gefühl, wie sie es lange nicht mehr gespürt hatte.

»Wow«, sagte sie, als sich ihre Lippen voneinander lösten.

Er atmete heftig und war viel zu durcheinander, um etwas zu sagen.

Sie lächelte und wurde dann plötzlich ernst. »Chris!«

Am Waldrand war ein schwarzer Wolf aufgetaucht. Starr wie eine Statue stand er dort, stolz und furchtlos und mit glänzendem Fell, als hätte er sich für seinen Auftritt besonders herausgeputzt. Sein Körper war durchtrainiert und mit längeren Beinen als die der anderen Küstenwölfe, ein geborener Anführer, aber allein und ohne ein Rudel, das ihm eine Heimat bot und ihn auf der Jagd unterstützte. Er schien ein ausgewachsener Wolf zu sein, der das Rudel seiner Eltern verlassen hatte und nach einer Partnerin suchte, um ein neues Rudel zu gründen.

»Cula!«, flüsterte Ella ehrfürchtig.

Chris griff bereits nach seiner Kamera, aber so plötzlich, wie der Wolf gekommen war, verschwand er auch wieder. Er tauchte im Dunkel des Waldes unter und entzog sich ihren Blicken, als wäre er niemals da gewesen. Chris fluchte unterdrückt. Sie brauchten Cula für ihre Reportage, nur mit einem möglichst geheimnisvollen Foto des schwarzen Wolfs war die Story vollkommen. Für Chris, der von einer Aufmacherseite mit dem schwarzen Wolf im Morgennebel träumte, und für Ella, die ihre Reportage an ihm aufhängen wollte, war das unumgänglich. Der legendäre schwarze Wolf, der von den Geistern kam, um seine Artgenossen und das Volk der Heiltsuk vor geldgierigen Umweltsündern und Ausbeutern zu retten.

Ella und Chris kämpften noch immer gegen ihre Enttäuschung an, als wütendes Fauchen aus dem Wald drang. Im nächsten Augenblick kam Cula aus dem Wald gestürmt, die beiden Alpha-Wölfe des Rudels im Nacken, und lief mit weiten Sprüngen zur Küste hinab.

Chris verfolgte ihn mit der Kamera, fotografierte die Verfolgungsjagd, jedoch ohne mit seiner Ausbeute zufrieden zu sein. Schon bevor er die Fotos auf seinem Display checkte, war ihm klar, dass keine Doppelseite dabei war. Er ließ die Kamera sinken. »Wenn wir besseres Licht hätten, wäre vielleicht was aus dem Foto geworden. Ganz allein am Waldrand … wer weiß, ob so eine Gelegenheit noch mal wiederkommt. Von den Alpha-Wölfen hab ich perfekte Aufnahmen, aber wenn wir Cula erwischen wollen, müssen wir uns was einfallen lassen.«

Das Fauchen und Knurren verstummte. Sie beobachteten, wie das Rudel vom anderen Ende der Lichtung zurückkehrte und sich erneut in den Wald zurückzog. Sie hatten den Eindringling vertrieben. Selbst wenn er auch von den Geistern geschickt worden war, um seine Artgenossen zu retten, duldeten sie keinen Störenfried in ihrem Revier. Wie jeder Familienvater verteidigte der Alpha-Wolf seine Partnerin und seine Verwandten, wenn es sein musste, bis zum Tod.

»Komm mit!«, rief Chris plötzlich. »Cula ist an der Küste lang! Vielleicht erwischen wir ihn vom Wasser aus. Beeil dich! Weit kann er noch nicht sein!«

Sie schoben das Schlauchboot ins Wasser, und Ella startete den Motor. Sie war öfter mit ihrem Onkel zum Angeln in die Tomales Bay-Bucht gefahren und kannte sich einigermaßen mit Booten aus. »Ich mach das schon«, sagte sie, als Chris ans Ruder wollte. »Du suchst nach Cula, und ich lenke den Kahn, okay?«

Chris kannte sie inzwischen gut genug und ersparte sich einen aufmüpfigen Spruch. Um jederzeit reagieren zu können, kniete er am Bug, die Kamera in beiden Händen, und suchte das Ufer ab. Sie gab kein Vollgas, hielt das Tempo im erträglichen Rahmen und unterstützte Chris, indem sie in der freien Hand ihr Fernglas hielt und mit ihm zusammen Ausschau nach dem Wolf hielt. Die Flut hatte eingesetzt, und sie konnten bis dicht ans steinige Ufer heranfahren.

Sattgrüne Hänge und mit Moosen und Flechten bewachsene Felsen zogen an ihnen vorbei, dahinter ragten die Fichten und Zedern des Great Bear Rainforest empor. Sie bewegten sich in einem Labyrinth aus unzähligen, zum Teil winzigen Inseln, die auf den ersten Blick alle gleich aussahen und jemanden, der sich in der Gegend nicht auskannte, leicht verwirren konnten. Ella hatte gehört, dass einer der englischen Seefahrer, die sich im achtzehnten Jahrhundert in das Labyrinth verirrt hatten, mehrere Wochen gebraucht haben sollte, um wieder die offene See zu erreichen. Leicht vorstellbar, wenn man zwischen den Inseln gefangen war.

Ella blieb deshalb dicht an der Küste der Insel, auf der sie lagerten, und war bereits nahe daran, aufzugeben, als Chris den Wolf entdeckte. »Da drüben ist er!«

Sie folgte seinem Blick und erspähte Cula durch ihr Fernglas. Es war eine Freude, ihm zuzusehen, wie er in weiten Sätzen über eine Lichtung rannte, doch obwohl sie sofort das Boot ausrichtete, um Chris die Gelegenheit zu geben, ihn mit seiner Kamera zu erwischen, hatten sie keinen Erfolg. Cula war immer noch auf der Flucht und sprang in den Wald davon, sobald er sie hörte.

»Fahr ans Ufer!«, rief Chris. »Auf die Felsen! Schnell!«

Sie gab Gas und lenkte das Schlauchboot an den felsigen und mit Geröll übersäten Strand. Ihr Schwung reichte aus, um festen Boden unter das Boot zu bekommen. Noch bevor es ruhig lag, sprang Chris an Land und lief zum Waldrand. »Ich muss ihn erwischen!«, rief er. »Bleib hier beim Boot und warte auf mich!«

»Aber das ist viel zu gefährlich! Warte, Chris!«

Doch Chris hörte nicht auf sie und rannte weiter. In dieser Hinsicht war er voll und ganz der Fotograf. Für ein gutes Foto war er bereit, so gut wie jedes Risiko einzugehen.

Sie dachte kurz daran, ihm zu folgen, wusste aber, dass sie damit nichts erreichen würde. Eher würde sie Chris und ihr Boot ganz aus den Augen verlieren. Er war dem legendären schwarzen Wolf so nahe, dass er sich sein Leben lang Vorwürfe machen würde, wenn er nicht wenigstens versuchte, ihn zu erwischen. Auch wenn er keine Ahnung hatte, wie aggressiv Cula sein würde.

Ella war viel zu nervös, um sich zu setzen, blieb neben dem Schlauchboot stehen und blickte angespannt zum Waldrand hinauf. Kein Geräusch drang aus dem Dunkel, kein Fauchen, kein Knurren, selbst der Wind hielt sich zurück.

Wo blieb Chris nur?

Glaubte er wirklich, den Wolf im dichten Unterholz des Regenwalds erwischen und ablichten zu können? Hatte er keine Angst, ihn aus Versehen zu reizen? Auch ein Wolf konnte einem Menschen gefährlich werden, wenn man ihn in die Enge trieb oder ihm zu nahe kam.

Zehn Minuten. Eine Viertelstunde. Nichts tat sich.

Ella wurde immer unruhiger.

Als der schwarze Wolf plötzlich aus dem Wald gestürzt kam und nur wenige Schritte von ihr entfernt ins Wasser sprang, ahnte sie, dass etwas nicht in Ordnung war. Sie blickte Cula nach, der mit kräftigen Beinschlägen die benachbarte Insel ansteuerte, war erstaunt, wie gut Cula in der ungewöhnlichen Umgebung zurechtkam, und rannte zum Waldrand. Ohne zu zögern, machte sie sich nun doch in das von Schlingpflanzen und Farnen verfilzte Dickicht auf. »Chris!«, rief sie. »Wo bist du? Cula ist ins Meer gesprungen und schwimmt zur nächsten Insel!«

Aus dem Halbdunkel des Waldes kam keine Antwort. Sie lief weiter, fand einen schmalen Pfad und drang tiefer in den Wald ein. Der Great Bear Rainforest war anders als die Wälder, in denen sie in Kalifornien gewandert war. Düsterer, geheimnisvoller, magischer. Überall ragten Pflanzen aus dem feuchten Waldboden, die Farne reichten ihr teilweise bis über die Hüfte. Die dunkelbraunen Zedernstämme waren mit dunkelgrünem Moos überzogen. Es roch nach vermodertem Holz. Wabernde Dunstschwaden zogen durch den Wald.

Sie war keine Spurenleserin und verließ sich auf ihre Intuition. Auch ein Wolf wie Cula suchte sich den leichtesten Weg durch dieses Dickicht und war sicher dem schmalen Pfad gefolgt. Und Chris hatte alles darangesetzt, den Wolf einzuholen und auf einer Lichtung zu überraschen, und hatte vermutlich ebenso gedacht.

Doch nachdem sie ungefähr eine halbe Meile gelaufen war, wurde sie unsicher. Sie blieb stehen, um sich neu zu orientieren, und hörte leises Stöhnen.

»Chris! Chris! Bist du das?«

»Ich bin hier, Ella!«

Sie folgte seiner Stimme und sah ihn hinter einem vom Blitz entwurzelten Fichtenstamm liegen. Anscheinend hatte er versucht, über den Stamm zu springen und war gestolpert. »Chris! Was ist passiert?«, rief sie. »Bist du verletzt?«

»Alles okay«, antwortete er, »ich bin weich gefallen, war nur kurz etwas benommen.« Er stemmte sich hoch und wischte ein paar Blätter von seiner Kamera. »Hauptsache, die Kamera ist heil geblieben.« Er ging vorsichtig ein paar Schritte. »Ich hab ihn nicht erwischt, Ella.«

»Ich weiß.« Sie erzählte ihm, was passiert war.

»War von Anfang an eine dumme Idee.«

Ella atmete erleichtert durch. »Wie wär's mit Abendessen?«

# 9

Ella konnte nicht schlafen. Nachdem sie dem Pfad zurück gefolgt und mit dem Boot wieder zu ihrem Lager gefahren waren, hatten sie gegessen und beschlossen, sich früh hinzulegen. Auch wenn Ella am liebsten zu Chris in den Schlafsack gekrochen wäre, stellte sie sich wieder schlafend, als er das Zelt betrat, und versuchte so regelmäßig wie möglich zu atmen. Sie war nicht prüde. Eigentlich dachte sie die ganze Zeit an ihn und sehnte sich nach seiner Umarmung und seinen Küssen, hielt sich aber zurück und lächelte in sich hinein. Vielleicht, weil sie spürte, dass ihre aufkeimende Zuneigung etwas ganz Besonderes war, und ihr gemeinsames »erstes Mal« einen ganz besonderen Rahmen verdient hatte. Wenn sich wahre Gefühle entwickeln sollten, durfte man nichts überstürzen.

Chris dachte wohl ebenso. Auch er lag lange wach, erst eine ganze Weile später hörte sie seine regelmäßigen Atemzüge und sein leichtes Schnarchen. Nicht einmal auf die Wange geküsst hatte er sie diesmal. Vielleicht aus Angst, dann doch mehr zu wollen und etwas zu gefährden, das noch gar nicht richtig begonnen hatte. Schon seltsam, dachte sie, vor ein paar Tagen habe ich ihn noch für einen arroganten Macho gehalten, und jetzt würde ich mich am liebsten an ihn kuscheln. Wahrscheinlich wunderte er sich selbst am meisten über seine Wandlung. Oder war er schon immer ein ganz anderer gewesen, als er vorgegeben hatte, und seine Arroganz war nur ein Schutzmantel?

Was für ein aufregender Job, diese Reportage. Noch immer zogen die Bilder des langen Tages an ihr vorbei, die Wölfe beim Reißen der getöteten Robbe, das Auftauchen des schwarzen Wolfs, ihre Verfolgung über das Wasser, Chris' Sturz über den entwurzelten Baumstamm. Sie freute sich jetzt schon darauf, den Bericht zu schreiben, hatte bereits einige griffige Formulierungen notiert und wusste, welche Schwerpunkte sie setzen würde. Das Leben der Küstenwölfe und die Legende von Cula würden natürlich im Mittelpunkt stehen, aber auch die Probleme, die es trotz der Naturschutzgesetze gab, würde sie nicht verschweigen. Auch die Sichtweise der Heiltsuk wollte sie einbringen.

Mit diesen Gedanken schlief sie ein, doch schon wenige Stunden später erwachte sie aus einem wirren Traum und setzte sich auf. Chris schlief ebenfalls unruhig, hielt die Augen aber geschlossen und merkte nicht, wie sie aus ihrem Schlafsack kroch, ihre lange Trainingshose anzog, in ihre Schuhe schlüpfte und das Zelt verließ. Sie ging einige Schritte und blieb am Ufer des schmalen Baches stehen. Die Bucht lag still und einsam unter dem Himmel. Die meisten Wolken hatten sich verzogen, und der volle Mond und die Sterne spiegelten sich im Meer. Wie flüssiges Silber glänzte die Brandung in ihrem Licht. Der Wind sang ein leises Lied und hing in den Baumkronen.

»Romantisch«, erklang Chris' Stimme hinter ihr. Sie hatte nicht gemerkt, dass er ebenfalls aus dem Zelt getreten war, und drehte sich zu ihm um. Selbst in seinen roten

Shorts und der Jacke, die er wohl gerade schnell übergezogen hatte, sah er unheimlich gut aus. »Ein bisschen kühl für einen Strandspaziergang.«

»Ich bin aufgewacht und konnte nicht mehr einschlafen. Muss am Vollmond liegen. So schön war er schon lange nicht mehr. Und du? Schlecht geträumt?«

»Im Gegenteil.« Er grinste vielsagend, was ihr zeigte, dass es wohl um sie gegangen war. »Ich hätte nicht gedacht, dass dieser Job so aufregend sein würde. Auf den Safaris in Afrika dachte ich, wow, spannender geht es nicht mehr, und an der Südsee war ich an spektakulären Stränden, die ich sonst nie gesehen hätte. Aber du …«

»Ich?«

»Die Küstenwölfe, die tolle Landschaft, unsere Zusammenarbeit … so glatt wie mit dir lief es noch nie. Dabei dachte ich, ich könnte nur allein arbeiten. Du bist ein echter Profi, und … und cool bist du auch. Die erste Frau, die …«

»Die erste Frau, die was?«

»Die mich einfach umhaut.«

»Wahnsinn! Das hat noch nie jemand zu mir gesagt. Außer meinem Musiklehrer, den hab ich beim Vorsingen regelmäßig umgehauen. Ich sollte bloß nie jemanden mit meinem Gesang beglücken, meinte der.«

»Und? Hast du?«

»Ich war tatsächlich auf dem College im Chor, wurde aber wegen plötzlicher Überbesetzung gebeten zu gehen.« Chris lachte schallend.

»Und ich hatte nur die Fotografie im Sinn. Learning by doing.«

»Du hast dir das Fotografieren selbst beigebracht?«

»Ich war mit einigen Profis unterwegs, bevor ich allein loszog«, räumte er ein, »aber sobald ich die Technik raushatte, brauchte ich keinen Lehrer mehr. Klingt arrogant, schon klar, aber beim Fotografieren kommt es vor allem darauf an, den richtigen Blickwinkel zu finden. Den Ausschnitt, der das Motiv am besten rüberbringt. Und das Talent hat man oder hat man nicht. Ich hab es und bin heilfroh, dass ich keinen anderen Job machen muss. In einem Büro wäre ich verloren und in einer Fabrik erst recht. Fotografieren ist mein Traumberuf.«

»Ich kann auch nicht klagen … wenn es so weiterläuft.«

»Du würdest deinen Job nicht aufgeben? Nicht mal, wenn du einen Frosch küssen würdest und plötzlich ein Prinz aus dem Märchenland vor dir steht?«

»Dann hätten wir ja Geld für eine Haushälterin. Also nein, nicht mal dann.«

Sie küssten sich lange. Sie hätte ihm sagen können, dass sie ihren Märchenprinzen anscheinend längst gefunden hatte, und er hätte ihr gestehen können, dass er sich in sie verliebt hatte, doch sie sagten beide nichts und ahnten auch so, was mit ihnen passiert war. *Und vor ein paar Tagen spucke ich noch große Töne und sage Megan, dass eine dauerhafte Beziehung nicht für mich infrage käme*, dachte Ella. *Was soll ich ihr beim nächsten Mal nur sagen? Dass mich mein Geschwätz von gestern nicht interessiert? Dass ich mich geirrt hätte? Dass ich einen Mann getroffen hätte, für den es sich lohnte, all das über den Haufen zu werfen?*

Für den kurzen Rest der Nacht war an Schlaf nicht mehr viel zu denken, denn schon mit den ersten hellen Streifen über den Bäumen im Osten kehrten die Wölfe zurück, und Chris griff erneut nach Kamera und Objektiv. Die nächtliche Ebbe hatte den Tisch für die Wölfe wieder gedeckt, und sie machten sich über das Meeresgetier her. Orangefarbene Nebelschwaden hingen über dem Strand und ließen die Tiere wie mystische Wesen aus einer anderen Welt erscheinen. Inzwischen hatten sie sich vollends an Ella und Chris gewöhnt und kümmerten sich kaum noch um sie. Doch der Anführer, der an diesem Morgen auf den Felsvorsprung geklettert war, ließ sie nicht aus den Augen und achtete darauf, dass den jungen Wölfen niemand zu nahe kam.

Nachdem die Sonne aufgegangen war, beschlossen Ella und Chris, noch einmal den Spiller Channel zu überqueren und nach Cula zu suchen. Den Rucksack und die Fototasche nahmen sie mit, die restliche Ausrüstung und das Zelt würden sie verpacken, wenn Travis sie abholte. »Wir haben noch ungefähr sechs Stunden«, sagte Chris, »wenn wir Glück haben, lässt sich Cula an der Küste blicken.«

Während der Fahrt stärkten sie sich mit Käse und den restlichen Biskuits und tranken Kaffee, den Ella am frühen Morgen aufgebrüht hatte. Diesmal steuerte Chris das Boot, und sie hielt Ausschau, suchte mit ihrem Fernglas die nahen Küsten ab. In den Nebelschwaden, die sie begleiteten, wirkten die Inseln noch mystischer. Dunkle Fichtenwälder zogen sich über Berge und Hänge. Als sich ein Schwarzbär am Ufer zeigte, drosselte Chris den Motor und schoss mehrere Fotos, war aber nicht ganz zufrieden und fuhr weiter. Ein Adler kreiste am Himmel, schoss auf das Wasser hinab und trug seine Beute davon.

In einer übersichtlichen Bucht gingen sie an Land und parkten ihr Schlauchboot so weit vom Ufer entfernt, dass die Flut es nicht davontragen konnte. Mit ihrem Gepäck ausgerüstet drangen sie in den Wald. Sie hatten keine Ahnung, ob Cula tatsächlich auf dieser Insel an Land gegangen war und sich überhaupt noch in der Nähe befand. Aber einen Versuch wäre es wert, meinte Chris und übernahm die Führung. Unter den ausladenden Fichten und Zedern kam sich Ella wie in einer Kathedrale vor. Hier herrschte die gleiche andächtige Stille, die einen in einer Kirche automatisch leiser reden ließ, und man befand sich in einer ähnlich prächtigen Umgebung, die der Beschreibung des Paradieses in der Bibel wohl sehr nahekam. Die üppige Pflanzenwelt leuchtete in allen möglichen Grüntönen und schien undurchdringlich, ohne den Pfad hätten sie schon nach wenigen Schritten umkehren müssen.

Auf einer Lichtung machten sie eine kurze Rast. Sie atmeten die würzige Luft ein, die mit dem Nebel von der Erde emporstieg, und erfreuten sich an der Ruhe, die nur vom leisen Singen des Windes in den Bäumen gestört wurde.

»Chris!«, rief Ella leise.

»Hab ihn schon gesehen«, erwiderte Chris ebenso sachte.

Ein »Spirit Bear« war auf die Lichtung getreten. Ein Schwarzbär mit weißem Fell, wie man ihn nur im Great Bear National Forest antraf. Für die Heiltsuk war er ebenso heilig wie die Küstenwölfe. Spirit Bears standen für

Frieden und Harmonie, hatte Ella beim Studium der Legenden der Heiltsuk erfahren, und sollten an die Strapazen der letzten Eiszeit erinnern, als die Erde mit Schnee und Eis bedeckt war.

Die beiden Journalisten standen gegen den Wind. Der Bär hatte sie nicht gewittert, und Chris konnte ungehindert fotografieren. Scheinbar unbekümmert stand der Spirit Bear im verfilzten Unterholz und riss ganze Büschel mit reifen Waldbeeren aus dem Grün. Wie die meisten Bären liebte er die Abwechslung und lebte nicht von Wild und Meerestieren allein. Sein weißes Fell leuchtete inmitten der üppigen Natur, die auch hier den Great Bear Rainforest bestimmte, und hob sich hell gegen die Zeder ab, die sich hinter ihm in den nebligen Dunst erhob.

Ella wagte nicht einmal, sich zu bewegen, sie wollte den Spirit Bear auf keinen Fall stören. Auch Chris wusste, dass ihm nicht viel Zeit blieb ein stimmungsvolles Bild des Bären aufzunehmen. Doch er erwischte einen magischen Moment, als etwas Licht durch die Baumkronen fiel und das weiße Fell des Bären noch weißer aussehen ließ, dann wurde er auf sie aufmerksam und zog sich ins Dunkel des Waldes zurück.

»Ein Spirit Bear«, staunte Ella. »Es soll nur noch vierhundert dieser besonderen weißen Bären geben, habe ich gelesen, alle im Great Bear Rainforest an der Küste.«

»Fehlt nur noch der schwarze Wolf.«

Sie nickte betrübt. »Und der ist am schwierigsten zu finden. Wenn wir ihn überhaupt jemals noch mal finden. Wir bräuchten Monate, um die ganze Insel abzusuchen, und wer weiß, vielleicht ist er längst zu einer anderen Insel geschwommen. Er ist nicht dumm. Er ahnt bestimmt, dass die Wolfsjäger hinter ihm her sind.«

»Wir finden ihn«, erwiderte er, »vielleicht nicht heute, aber in den nächsten Tagen. Ich habe ein gutes Gefühl. In der Serengeti haben sie mir gesagt, ein Nashorn wäre besonders schwer zu finden, und doch hab ich eines in freier Wildbahn erwischt. Ich hab es sogar eher als mein Guide gesehen. Es lag nach einem heftigen Regenguss im Schlamm und ließ sich durch mich nicht stören.«

»Und du meinst, Cula ist genauso entgegenkommend?«

»Warum nicht? Wir wollen ihm nichts Böses. Ein Tier spürt das.«

Doch Stunde um Stunde verging, ohne dass sie überhaupt ein größeres Tier zu Gesicht bekamen. Die Fototasche und der Rucksack wurden immer schwerer. Noch war der Trail einigermaßen zu erkennen, aber das Unterholz wurde immer dichter, und es sah nicht so aus, als wäre Cula irgendwo in der Nähe.

An einem kleinen See rasteten sie, tranken von ihrem noch heißen Tee und suchten das Ufer mit ihren Ferngläsern ab. Der kühle Wind, der von den Bergen herab über den See blies, bot eine willkommene Erfrischung. Es war nicht besonders heiß, aber schwül und feucht, und Ella wäre am liebsten umgekehrt, doch bevor sie etwas sagen konnte, entdeckte Chris eine Holzhütte, die so verdeckt im Schatten einiger Fichten stand, dass man sie kaum sah.

»Eine Hütte«, wunderte er sich, »ob da jemand wohnt?«

»Mitten im Wald?«

»Vielleicht ein Ranger oder Wildhüter.«

»Darum kümmern sich die Heiltsuk selbst«, erwiderte Ella, »hab ich vom Chief höchstpersönlich. Sie haben sich mit einigen anderen Stämmen zusammengetan und stellen sogenannte Watchmen ab, die auf den Inseln nach dem Rechten sehen und Umweltsünder und Wilderer melden sollen. Besonders erfolgreich scheint das System nicht zu sein. Das Gebiet ist viel zu groß, das kann man nicht gut kontrollieren. Vielleicht wohnt einer dieser Watchmen in der Hütte.«

Sie beobachteten die Hütte durch ihre Ferngläser, machten aber keine Bewegung aus und sahen weder ein Auto vor der Hütte stehen noch ein Boot im Wasser liegen. Aus dem Schornstein stieg kein Rauch auf, und auch sonst wies nichts darauf hin, dass jemand die abgelegene Hütte gerade bewohnte.

»Vielleicht ist er oder sie unterwegs«, sagte Chris. »Lass uns nachsehen!«

Ella hätte lieber darauf verzichtet, wollte sich aber nicht die Blöße geben und ließ sich nichts anmerken. Widerwillig stapfte sie hinter Chris am Ufer entlang zu der einfachen Blockhütte aus verwitterten Baumstämmen.

»Ist jemand zu Hause?«, rief Chris schon von Weitem. Er wollte kein Risiko eingehen. Wenn dort tatsächlich ein Watchman wohnte, verwechselte er sie vielleicht mit Wilderern und schoss auf sie. Besonders die weißen Bären zogen verantwortungslose Jäger an, die eines der kostbaren Felle erbeuten wollten.

Aus der Hütte kam keine Antwort.

»Wir kommen in friedlicher Absicht«, bekräftigte Ella.

Sie gingen weiter auf die Hütte zu, ohne dass etwas geschah, und blieben vor der Tür stehen. Chris klopfte mehrmals. Als er merkte, dass die Hütte nicht verschlossen war, zog er die Tür auf und ging hinein. Ella folgte ihm zögernd.

Die Hütte war leer. Durch das einzige Fenster fiel nur wenig Licht auf einen rostigen Kanonenofen und einen Tisch mit zwei Stühlen. Vor dem Ofen war ein Stapel Holz aufgeschichtet. Gegenüber vom Eingang lagen zwei Luftmatratzen und einige Wolldecken. Eine dicke Staubschicht bedeckte den Boden.

»Sieht eher nach einer Notunterkunft aus«, sagte Ella. Sie wischte den Staub von einem der Stühle und setzte sich. »Hier war doch seit Jahren keiner mehr.«

»Und Cula ist auch nicht in Sicht«, erwiderte Chris.

»Der treibt sich irgendwo an der Küste rum und schlägt sich den Magen voll.« Sie war genauso schlecht gelaunt wie Chris. »Und lacht wahrscheinlich über uns, weil wir uns die Füße vergeblich in diesem Urwald wundlaufen.«

»Du willst umkehren?«

Sie blickte auf ihre Armbanduhr. »Uns bleibt sowieso nichts anderes übrig, wenn wir einigermaßen pünktlich sein wollen. Travis würde sich bestimmt Sorgen machen, wenn wir nicht rechtzeitig in der Bucht wären, und Alarm schlagen.«

»Du vergisst die Wolfsjäger. Was, wenn sie Cula vor uns finden?«

»Wenn wir ihn nicht finden, tun sie es auch nicht. Lass uns erst mal zu den Lachsen fahren, das gibt sicher gute Fotos. Dann bleiben uns noch zwei, drei Tage, um Cula zu finden. Und Melanie jammert zum Glück nicht, wenn es etwas länger dauert.«

»Küstenwölfe beim Lachsfang. Machen die das so, wie die Bären?«

»Manche schon«, antwortete Ella. »Am Koeye River, ungefähr vierzig Meilen südlich von hier, soll es Wölfe geben, die zusammen mit Bären fischen.«

»Nebeneinander? Das wäre ein Riesenfoto!«

»Kriegst du, da fahren wir hin. Wusstest du, dass Wölfe nur die Köpfe fressen?«

»Echt jetzt? Und ich dachte, sie wären Feinschmecker.«

»Sind Sie auch. Im Körper der Lachse muss irgendwas sein, das ihnen zu schaffen macht. Vielleicht sind sie allergisch dagegen. Der Chief sagt, sie würden die Köpfe fressen, weil die am fettesten sind und ihnen neue Kraft geben.«

»Jeder hat so seine Vorlieben.«

»Das ist wahr.«

Sie küssten sich und schreckten im nächsten Augenblick zusammen, als vor der Hütte scharrende Schritte erklangen und gleich darauf die Tür aufsprang.

»Nicht erschrecken!«, rief Ella. »Wir sind in friedlicher Absicht hier!«

Herein kam ein Heiltsuk, ein älterer Mann in Stiefeln, Jeans und einer hellbraunen Weste über einem farblosen T-Shirt, eine Baseballkappe mit dem Logo eines Bootherstellers über den kurz geschorenen weißen Haaren. Seine Haut war von Wind und Wetter gegerbt und spannte sich wie Pergament über seinen hervorstehenden Wangenknochen. Um seinen Hals hing ein Fernglas. Er beäugte sie misstrauisch.

»Ich bin Ella«, stellte sie sich vor, »das ist Chris, mein Kollege. Wir arbeiten für ein Reisemagazin in Los Angeles. Randy Humchitt weiß Bescheid.«

»William Housty«, erwiderte er. »Chief Housty, aber das ist lange her.« Er legte seinen Rucksack ab. »Was tun zwei Reporter in unserem Regenwald?«

Ella erklärte ihm, an welcher Reportage sie arbeiteten.

Ihm gefiel anscheinend, was sie sagte. »Ich hoffe, Sie schreiben etwas anderes als die Reporter, die vor Ihnen hier waren. Als die Umweltschützer für neue Gesetze kämpften und die Holzfirmen dagegen waren, kamen eine Menge Leute, um darüber zu schreiben, doch die Holzfirmen haben immer noch das Sagen. Angeblich dürfen sie nur noch in bestimmten Regionen abholzen, aber sie scheren sich nicht darum. Genauso wenig wie die Wolfsjäger, die es auf die Küstenwölfe abgesehen haben und sogar von Hubschraubern aus schießen.«

»In unserer Zeitschrift treten wir für die Erhaltung der Natur ein«, sagte Ella. »Wir wollen unseren Leserinnen und Lesern zeigen, wie eindrucksvoll und einzigartig Ihre Heimat ist, und was für besondere Tiere die Küstenwölfe sind.«

»Sie haben ehrliche Augen«, sagte er. »Ich glaube Ihnen.« Er packte eine Thermosflasche aus und schenkte einen Becher ein. »Trinken Sie mit mir.«

Sie tranken nacheinander aus dem Becher. Während Ella trank, musste sie daran denken, wie die Sioux oder

Cheyenne in alten Western die Friedenspfeife kreisen ließen, so bedeutend kam ihr die eher Zeremonie vor.

»Setzen Sie sich«, sagte Housty. Er lehnte sich gegen
den kalten Ofen und scherte sich nicht um den Schmutz.
»Sie suchen Cula, den schwarzen Wolf?«

Ella blickte ihn erstaunt an. »Woher wissen Sie das?«

»Er hat es mir verraten«, antwortete er.

# 10

Eigentlich hätten Ella und Chris längst auf dem Rückweg sein müssen. Die Wanderung durch den Regenwald würde sie einige Zeit kosten, und sie wollten Travis nicht warten lassen.

Doch Housty hatte sie neugierig gemacht.

»Er hat es Ihnen verraten?«, fragte Ella skeptisch.

Housty schien sich über ihre ungläubigen Blicke zu amüsieren. »Cula war hier, auf einer Lichtung, südlich von der Hütte. Er lässt sich nur blicken, wenn er gesehen werden will, und wusste wohl, dass ich an ihn glaube. Ich brauchte nur in seine Augen zu sehen, um zu erkennen, was ihn bewegt. Er sorgt sich um das Wohl seiner Artgenossen und trauert um die Tiere, die von den Wolfsjägern ermordet wurden. Er ahnt, dass er unter den Fremden wenige Freunde hat.«

»Und er weiß von Chris und mir?«

»Ich wandere schon sehr lange als Watchman durch die Wälder. Ich übernachte in Hütten wie dieser, meist aber in freier Natur. Ich bin den Tieren so nahe wie kaum ein anderer. Ich weiß, wie sie fühlen, und was ihnen zu schaffen macht. Cula hat mich nicht nur gesucht, um mir zu sagen, dass drei Wolfsjäger unsere Küstenwölfe bedrohen. Er hat mir auch bedeutet, dass er sich euch zeigen will, sobald er dazu bereit ist. Hätte er sonst nach Nordwesten geblickt? Zu dem Pfad, über den ihr gekommen seid? Ihr seid von ihm auserwählt, über ihn und seinen einsamen Kampf zu berichten. Und er vertraut mir und den anderen Heiltsuk, dass wir ihn vor den Wolfsjägern beschützen. Sein Tod würde großes Unglück für mein Volk und unsere Heimat bedeuten. Er ist ein Heilsbringer.«

»Es wäre eine große Ehre für Chris und mich, über Cula in unserem Reisemagazin zu berichten«, sagte Ella. »Er würde unsere Reportage zu etwas ganz Besonderem machen und uns helfen, ein großes Publikum dafür zu finden.«

Als Chris nervös auf seine Armbanduhr blickte, beruhigte ihn Housty. »Ihr werdet rechtzeitig zur Küste kommen. Ich kenne einen anderen Pfad, auf dem wir viel Zeit sparen können. Wenn ihr einverstanden seid, begleite ich euch.«

Tatsächlich brauchten sie nicht einmal halb so lange wie am Morgen. Der Pfad, der sich urplötzlich vor ihnen auftat, war breiter und wesentlich bequemer. Als hätten ihn unsichtbare Helfer vom Unterholz befreit. Er führte direkt zur Küste, die schon von Weitem zu sehen war, als sie über den Kamm eines langen Hügels liefen und beobachteten, wie das Wasser im schwachen Sonnenlicht glänzte. In einer fernen Bucht angelten einige Männer von ihrem Boot aus.

Am Ufer wurden sie bereits erwartet. Die drei Wolfsjäger ankerten vor der Bucht, in der sie ihr Schlauchboot auf die Felsen gezogen hatten, und empfingen sie grinsend. Einer von ihnen war der unsympathische Mann mit dem Boxer-Gesicht, der Ella in Bella Bella mit dem Fernglas beobachtet hatte. Der zweite Mann war übergewichtig und in den Vierzigern, mit etlichen Tattoos auf seinen Armen. Der Dritte im Bunde war ein älterer Mann mit langen weißen Haaren, die er zu einem Pferdeschwanz gebunden hatte, und grauen Augen, die keinerlei Gefühl erkennen ließen. Der Mann mit dem Boxer-Gesicht hielt ein Gewehr in beiden Händen, die anderen waren mit Revolvern bewaffnet. Sie erinnerten an steckbrieflich gesuchte Outlaws im Wilden Westen.

»Sieh an«, begrüßte sie der Mann, der Ella beobachtet hatte, »die beiden Weltverbesserer haben sich mit den Einheimischen zusammengetan.« Er blickte den Watchman an. »Wir hatten schon mal das Vergnügen, stimmt's?«

»William Housty«, erwiderte der Heiltsuk, »und Sie sind Howie Dentz, habe ich in Bella Bella erfahren. Howie Dentz, Lee Morgan und sein kleiner Bruder Jimmy. Weiße Jäger, die nichts Besseres zu tun haben, als Wölfe abzuknallen.«

Howie lachte. »Weil sie es verdient haben. Diese blutgierigen Bestien verbreiten Angst und Schrecken. Sie töten unsere Rinder und Schafe und stürzen sich auf weinende Kinder. Unsere Kugeln sind noch viel zu schade für sie.«

»Die Küstenwölfe tun niemandem etwas«, konterte der Heiltsuk. Er hatte sich bestimmt schon etliche Male mit Jägern gestritten, schien aber nicht müde zu werden, ihnen weiterhin Vernunft einzubläuen. »Die meisten leben abgeschieden an der Küste und auf den Inseln und haben noch nie eine Farm von Nahem gesehen. Sie sind friedlicher als die meisten Menschen.«

»Er hat recht«, mischte sich Ella ein, »die Wölfe haben es nicht verdient, auf diese gemeine Weise umgebracht zu werden. Der letzte Wolf, den Sie erschossen haben, ist unter meinen Händen verblutet. Warum lassen Sie die Tiere leiden? Warum tun Sie ihnen das an? Haben Sie denn nichts Besseres zu tun?«

»Wir tun nichts Verbotenes.«

»Sie töten aus Vergnügen, sonst würden Sie nicht tagelang hier rumfahren und nach neuen Opfern suchen. Und das alles nur, damit Sie Fotos von Ihrer Beute machen und im Internet veröffentlichen können. Das ist doch armselig! Haben Sie ein zu kleines Echo, oder was?«

Ihre Stimme war lauter und vorwurfsvoller geworden. Das machohafte Gehabe der Wolfsjäger und ihre Verachtung gegenüber den Wölfen hatten sie wütend gemacht. Wie konnte man nur so wenig Achtung vor dem Leben haben?

»Immer mit der Ruhe, meine Liebe«, konterte einer der Wolfsjäger kühl. »Sie haben doch keine Ahnung, von was Sie reden. Selbst anerkannte Wissenschaftler sagen, dass es zu viele Wölfe in Kanada gibt. Sie gefährden das Gleichgewicht in der Natur und die Wanderung der Karibuherden. Wir müssen sie jagen.«

»Sie müssen sie erschießen? Sie tun ein gutes Werk?«

»Unsere Küstenwölfe wissen nicht mal, wie ein Karibu aussieht. Karibus leben im Landesinneren, wie Sie hoffentlich wissen. Und weder die Regierung noch Männer wie Sie haben hier etwas zu sagen. Dieses Land gehört den Heiltsuk. Und die Küstenwölfe gehören zu unserem Leben und sind heilig. Solche Tiere zu erschießen, ist eine Sünde. Völlig egal, nach welcher Religion Sie leben.«

Howie lachte verächtlich und blickte seine Begleiter an. »Nun hört euch das an! Der Typ will uns weismachen, dass die Bestien heilig sind. Also, ich hab noch nie einen Heiligenschein über diesen blutgierigen Raubtieren gesehen.«

»Fahren Sie nach Hause!«, empfahl Ella. »Zu Ihren Frauen und Kindern.«

»Erst wenn wir den schwarzen Teufel erwischt haben!«

Ella stellte sich dumm. »Wen?«

»Cula!« Er blickte Housty an. »So nennen Sie ihn doch. Den schwarzen Wolf, den gerade alle heiligsprechen. Wo steckt die verdammte Bestie?«

»Das weiß ich nicht«, sagte der Heiltsuk. »Niemand weiß das.«

»Wollen Sie den etwa auch töten?«, fragte Ella vorwurfsvoll.

Howie und seine Begleiter lachten ihr ins Gesicht. Sie beherrschte sich nur mühsam, hätte am liebsten lauthals weitergeschimpft. Drei so ungehobelte und gefühllose Männer waren ihr bisher nur in East L. A. begegnet, einem Stadtteil, um den sie normalerweise einen großen Bogen machte.

»Wo steckt er? Hier ganz in der Nähe, stimmt's?«

»Unsinn!«, erwiderte Ella.

»Und warum sind Sie dann hier? Sie suchen ihn doch auch, nicht wahr?«

»Wir haben mit Housty gesprochen. Wir wollten wissen, wie ein Watchman arbeitet, und was er uns über die Küstenwölfe sagen kann. Das ist unser Job. Wir arbeiten für ein Reisemagazin und berichten über interessante Reiseziele.«

110

»Sie sind hinter dem schwarzen Wolf her. Also ... wo steckt er?«

»Keine Ahnung.«

»Sagen Sie's uns schon, dann sind Sie uns los!«

»Ich weiß es nicht, zum Teufel! Und selbst wenn, würde ich ihn nicht an Sie verraten.«

»Und Sie?« Howie hob den Gewehrlauf an. »Sie wissen, wo er ist.«

»Niemand weiß, wo sich Cula aufhält. Er ist ein Wanderer.«

»Ein ... was?«

»Ein Wanderwolf«, sagte Housty. »Er ist hier, um eine neue Partnerin zu finden. Und er ist schlauer als alle anderen Wölfe, die mir jemals begegnet sind.« Er verriet ihnen nicht, weswegen Cula der Legende nach auch gekommen war.

»Jetzt hab's ich aber langsam satt ...«, verlor Howie die Geduld und stockte mitten im Satz, als sich ein Fischerboot näherte, und sie Travis erkannten. Er stand mit erhobenem Gewehr am Bug und ließ sein Boot langsam treiben.

»Verschwinden Sie!«, fuhr er die Wolfsjäger an. »Oder ich rufe die Polizei und sage Ihnen, was passiert ist. Dann wandern Sie hinter Gitter und werden wahrscheinlich ordentlich zur Kasse gebeten, wenn Sie anderen mit einer Waffe in der Hand drohen. Zeugen haben wir ja genug.«

Den Wolfsjägern blieb nichts anderes übrig, als ihm zu gehorchen. Unter wilden Flüchen und Verwünschungen steuerten sie ihr Boot vom Ufer weg. »Wir kriegen den schwarzen Teufel!«, rief Housty. »Verlassen Sie sich drauf!«

Travis war sehr erleichtert. Er ließ das Gewehr fallen und stützte sich mit beiden Händen auf die Reling. Einige Atemzüge brauchte er, um sich von der Begegnung zu erholen. »Ich weiß nicht, was ich getan hätte, wenn sie geblieben wären. Ich hätte nicht schießen können … nicht mal auf sie.«

»Du warst sehr mutig«, lobte ihn Ella.

»Du musst zur Polizei gehen«, sagte Housty, »zu deinem Großvater und der Polizei. Sie haben uns bedroht. Das gibt höchstens eine Geldstrafe, aber vielleicht verlieren sie dadurch die Lust und ziehen ins Inland. Da gibt es Wölfe genug.«

»Aber keinen Cula«, erwiderte Chris. »Sie wollen eine besondere Trophäe. Sie wollen der Welt zeigen, dass sie den gefährlichsten aller Wölfe besiegt haben. Und sie wollen die Heiltsuk demütigen, weil sie wahrscheinlich auch Rassisten sind. Ich kenne die Sorte Männer.«

»Das werden wir nicht zulassen!«, sagte Housty kämpferisch.

Ella und Chris bedankten sich bei dem Heiltsuk und gingen mit Travis an Bord. Als sie vom Ufer ablegten, war Housty bereits im Wald verschwunden. Sie holten ihr Zelt von der anderen Insel und fuhren nach Bella Bella zurück. Leichter Nieselregen trieb ihnen mit dem Fahrtwind ins Gesicht, passend zu der Stimmung, die seit ihrem Treffen mit den Wolfsjägern sehr bedrückt war.

»Sie kriegen Cula nicht«, sagte Ella, »dafür ist er viel zu schlau. Er wird sie so schnell abhängen, wie er es mit uns gemacht hat. Ich habe gesehen, wie er zu der Insel gegenüber geschwommen ist, und dennoch war er plötzlich wie vom Erdboden verschwunden. Sicher hätte nicht mal ein Spurenleser ihn gefunden.«

Travis war ihrer Meinung. »Cula zeigt sich einem Menschen nur, wenn er dazu bereit ist. Bei Housty hätte er keine Hemmungen, weil er weiß, dass ihm von dem Watchman keine Gefahr droht. Oder meinem Großvater, weil er der Chief ist. Ich habe Cula nur einmal gesehen oder besser gesagt, seinen Schatten, als er sich an der Küste von Hunter Island blicken ließ. Leider rannte er gleich wieder davon. Ein heiliger Wolf wie er muss sehr vorsichtig sein.«

»Er erinnert mich an einen Löwen, den ich in Afrika fotografiert habe. Ein mächtiges Tier mit einer gewaltigen Mähne, das nicht viel von Safaris hielt und bei den Massai einen noch legendäreren Ruf als Cula hatte. Ein Trophäenjäger wollte ihn töten und konnte von Glück sagen, dass er es bis in seinen Landrover schaffte und davonrasen konnte. Ich wollte diesen König der Löwen unbedingt fotografieren und blieb drei Tage und Nächte in seiner Nähe, bis er sich an meine Nähe gewöhnt hatte. Wir werden noch mal rausfahren und auf Cula warten. Wenn ihm sein Instinkt verrät, was unsere Reportage für die Küstenwölfe bedeutet, kommt er sicher.«

»Ich hoffe, du hast noch nicht genug von uns«, sagte Ella zu dem jungen Heiltsuk. »Morgen wollen wir zum Koeye River und die Wölfe beim Lachsfang beobachten, und übermorgen wieder raus und auf Cula warten. Einverstanden?«

»Natürlich. Sie sind freundlich und zahlen auch noch gut«, erwiderte er.

Im Hafen von Bella Bella war einiges los, als Travis sein Boot festmachte und ihnen beim Aussteigen half. Einige Fischer waren vor allem mit Heringen vom Meer zurückgekehrt, und einige Hochseeangler warteten gerade darauf, dass ein junger Heiltsuk ihren Fang filetierte. Ein Fest für die Möwen, die kreischend über dem Wasser schwebten und sich auf die Fischreste stürzten. »Morgen früh um fünf?«, fragte Travis. »Bis zum Koeye River brauchen wir zwei Stunden.«

»Fünf Uhr?«

»Wir werden pünktlich sein«, antwortete Chris grinsend. »Wir Fotografen sind solche Zeiten gewöhnt. Autorinnen schlafen gern bis in die Puppen.«

Sie verabschiedeten sich von Travis und stiegen zur Straße hinauf. »Es ist noch hell«, sagte Chris, »und ich würde gern noch mal Chief Humchitt fotografieren. Das mit den Wolfsjägern und Travis berichte ich ihm.« Er hob seine schwere Fototasche auf. »Gehst du schon mal vor und schiebst die Pizza in den Ofen?«

»Schon wieder Pizza?«

»Wir haben noch zwei im Kühlschrank, die müssen weg.«

»Okay, aber morgen gehen wir auswärts essen.«

»Aye, Ma'am.«

Sie trennten sich. Chris überquerte die Straße zum Haus der Stammesregierung, Ella kehrte ins *Beach House* zurück. Als sie eine junge Frau in der Küche stehen sah, blieb sie erschrocken stehen. Mit ihrer blonden Mähne und dem übertriebenen Make-up erinnerte sie Ella an Chris' Ex-Freundin aus Malibu.

»Ich bin Jennie«, sagte sie und zeigte ihre makellosen Zähne. Unter ihrem offenen Mantel trug sie ein gemustertes und etwas zu kurzes Minikleid. Es war zumindest für Bella Bella sehr knapp, wo die meisten Frauen in langen Kleidern oder Röcken oder Jogginghosen herumliefen. »Ich warte auf Chris. Er wohnt doch hier?«

»Ja, er wohnt hier«, erwiderte Ella, »und ich bezweifle, dass er über Ihren Besuch sehr erfreut sein wird. Weiß er denn, dass Sie ihn besuchen kommen?«

Jennie hatte ein strahlendes Lächeln, das musste Ella zugeben. Es erinnerte sie an eine Wetterfee im Fernsehen. »Natürlich nicht, dann wäre ja die Überraschung dahin. Ich möchte sein Gesicht sehen, wenn er mich sieht.« Sie musterte Ella von oben bis unten und schien wenig begeistert zu sein. »Und Sie sind?«

»Ella Moore. Ich arbeite mit Chris zusammen.«

»Sie arbeiten mit ihm? Sie meinen ...«

»Er fotografiert und ich schreibe.«

Jennies Augen begannen zu funkeln. »Sie haben was mit ihm! Geben Sie's doch zu! Sie sind mit ihm zusammen! Sie sind ... hey, ich hab Sie auf dem Pier in Malibu mit ihm zusammen gesehen. Sie haben sich an ihn rangemacht.«

»Und Sie sind die Frau, die er weggeschickt hat.«

»Er hat mich nicht weggeschickt«, konterte Jessie gereizt, »das würde er niemals tun. Chris liebt mich! Das hat er mir selbst gesagt. Wir sind ein tolles Paar. Auf dem Rodeo Drive haben uns mehr Touristen angestarrt als den

Fernsehstar aus der neuen Fantasy-Serie und seine Miss California-Freundin.«

»Er hat sich von Ihnen getrennt. Das hat Chris mir gesagt.«

»Das ist nicht wahr. Er wollte Sie schonen, Sie nicht vor den Kopf stoßen.«

Ella wurde unsicher, ließ sich aber nichts anmerken. »Selbst wenn, können Sie hier nicht einfach auftauchen und ihn besuchen. Chris und ich sind hier, um zu arbeiten und nicht, um Ferien mit Ihnen zu machen. Fliegen Sie nach Hause, Jennie, und lassen Sie Chris in Ruhe. Wir können Sie hier nicht brauchen.«

»Sie haben mir keine Vorschriften zu machen.«

»Wenn es meinen Job betrifft, schon.«

»Das werden wir ja sehen.«

Die Tür ging auf, und Chris kam herein. Er blieb so abrupt stehen, als wäre er gegen eine Wand gelaufen. Seine Fototasche rutschte zu Boden, und er starrte seine Ex-Freundin verwundert an. »Jennie? Was tust du denn hier?«

»Überraschung!«, rief Jennie fröhlich. Sie lief ihm entgegen und schlang die Arme um seinen Hals. Gegen ihren langen Kuss war er machtlos. »Freust du dich denn nicht? Ich hab mir eine Woche Urlaub genommen.«

»Aber das geht nicht. Woher weißt du überhaupt, wo ich bin?«

Sie freute sich diebisch über ihre gelungene Überraschung. »Das war einfach. Ich hab bei *Blue Horizons* angerufen und gefragt, an was du gerade arbeitest. Und in dem Nest hier gibt's keine große Auswahl an Hotels und so.«

Er löste sich ein wenig von ihr. »Du kannst hier nicht bleiben, Jennie!«

»Wieso denn nicht? Magst du mich nicht mehr?«

»Darum geht's doch nicht, Jennie. Nicht ausschließlich, meine ich. Ella und ich arbeiten hier und sind die meiste Zeit unterwegs. Da kannst du eh nicht mit.«

»Ich weiß, dass du Wölfe fotografierst. Ich hab keine Angst vor denen.«

»Auch darum geht es nicht. Wir sind nicht mehr zusammen, Jennie. Wir hatten eine schöne Zeit miteinander, und jetzt geht jeder wieder seiner eigenen Wege. Heute Nacht kannst du hier schlafen. Hier gibt es noch zwei freie Zimmer. Aber morgen früh musst du nach Hause fliegen. Versprich mir das!«

»Ich bin euch wohl im Weg? Du hast was mit Ella, stimmt's?«

»Das geht dich nichts an.«

»Hast du nicht gesagt, du liebst mich?« Sie rückte wieder näher an ihn heran und streifte seinen Mund mit ihren Lippen. »Gib's zu! Als wir neulich miteinander geschlafen haben, hast du's gesagt. Also zeig's mir gefälligst, Chris.«

»Ich kann nicht, Jennie. Tut mir leid, aber es ist aus zwischen uns, versteh das doch.«

»Das glaube ich nicht, Chris!« Sie küsste ihn erneut, lange und ausdauernd wie in einem Liebesdrama, ohne dass er sich groß dagegen wehren konnte. »Dann führ mich wenigstens noch mal zum Essen aus! In der Stadt gibt's ein kleines Restaurant. Um der guten Zeiten willen, okay? Dann lass ich dich in Ruhe, ja?«

Ella sah, wie er ihr einen reumütigen Blick zuwarf, bevor er antwortete: »Meinetwegen, Jennie. Ich gehe mit dir essen. Ein letztes Mal. Aber nicht mehr, verstanden?«

»Sicher, Chris. Lass uns gehen, okay?«

Ella sagte nichts, als sie gingen, war nicht mal zu einer spöttischen Bemerkung fähig. In einer Mischung aus Wut und Eifersucht holte sie sich ein Bier aus dem Kühlschrank und trat auf die Veranda. Es regnete immer noch, aber das machte ihr nichts aus. Sie prostete den Wolken zu. »Scheißtag heute!«

# 11

Die Sonne war bereits im Meer versunken, als Ellas Handy klingelte. Auf dem Display war Megans lachendes Gesicht zu sehen. »Hey, Megan! Alles okay?«

»Das wollte dich gerade fragen, du untreue Tomate. Wolltest du dich nicht aus Kanada melden? Ich hatte schon Angst, die Wölfe hätten dich gefressen?«

»Mit den Wölfen komme ich gut aus«, sagte Ella, »die sind nicht so gefährlich, wie du denkst. Aber wir kommen gerade von einem Zwei-Tages-Trip auf eine der vielen Inseln zurück und hatten dort keinen Empfang. Tut mir leid.«

»Du und der Fotograf auf einer einsamen Insel? Das klingt romantisch.«

»War echt aufregend.« Sie berichtete von ihrer Fahrt durch das Insellabyrinth und ihrer Begegnung mit den Küstenwölfen. »Die Gegend hier ist einmalig. Als hätte man dich ein paar Hundert Jahre in die Vergangenheit versetzt, so unberührt ist hier die Natur, wenn du Bella Bella hinter dir lässt. Da können die Sierras nicht mithalten. Und diese Küstenwölfe sind was ganz Besonderes. Stell dir vor, wir haben gesehen, wie sie eine Robbe gejagt haben, und morgen fahren wir zum Koeye River, da fischen sie zusammen mit den Bären nach Lachsen.«

»Klingt spannend. Und wie ist er denn so, der Fotograf?«

»Chris? Der versteht sein Handwerk und ist gar nicht so arrogant, wie ich dachte. Ehrlich gesagt, ist er sogar ganz nett, wenn man allein mit ihm ist.«

»Hey!« Es klang, als würde Megan grinsen. »Und ihr habt auf der einsamen Insel im selben Zelt geschlafen? Dann seid ihr euch doch sicher nähergekommen.«

»Nicht so, wie du denkst.«

»Kein Kuss? Nichts?«

»Du bist aber neugierig heute.«

»Ich will doch die Erste sein, die es erfährt.«

Ella musste lachen. »Was? Dass wir uns verloben? Oder heiraten? Zusammen in die Wildnis durchbrennen und unter Wölfen leben? Da ist nichts, Megan.«

»Aber du magst ihn.«

»Hab ich doch schon gesagt. Er ist okay.«

»Du hast dich in ihn verknallt, gib's zu!«

Ella war nicht in der Stimmung, darüber zu sprechen. »Wenn es so wäre, hätte ich schlechte Karten. Heute Nachmittag ist seine Ex hier aufgetaucht, ohne Vorwarnung, aus heiterem Himmel und obwohl Chris längst mit ihr Schluss gemacht hat. Und was tut der Feigling? Anstatt sie hochkantig rauszuwerfen oder ihr wenigstens eine Standpauke zu halten, führt er sie zum Essen aus. ›Nur dieses eine Mal‹, hat sie gesagt, ›um der guten Zeiten willen.‹ Das war vor zwei Stunden, und die beiden sind noch immer nicht zurück. Ich bin echt sauer auf ihn.« Sie wischte sich eine Träne aus den Augen. »Sie hat ihn rumgekriegt, Megan.«

»Wenn ihm wirklich was an dir liegt, gibt's sicher eine Erklärung dafür, dass sie so lange wegbleiben. Du wirst sehen, du regst dich völlig unnötig auf.«

120

»Ich rege mich nicht auf!«

»Und wie du dich aufregst«, erwiderte Megan. »Du hast dich in ihn verliebt, gib's zu, und du bist eifersüchtig auf diese Ex-Freundin. Das ist doch ganz natürlich. Weißt du noch, wie beleidigt ich war, als Steve mit einer anderen beim Abschlussball meiner Schwester auf die Tanzfläche ging? Wenn man verliebt ist, benimmt man sich genauso albern wie in der Highschool beim ersten Date.«

»Aber jetzt hast du ihn immerhin fest an der Angel.«

»Wir haben uns gegenseitig an der Angel. Hab ich dir schon gesagt, dass wir einen Hochzeitstermin haben? Am 15. Dezember in dem Weingut außerhalb der Stadt. Und du bist meine Brautjungfer. Du bist doch einverstanden?«

»Es ist mir eine Ehre, Megan.«

»Vielleicht feiern wir ja noch eine Doppelhochzeit. Was meinst du?«

»Sieht nicht so aus. Ist vielleicht auch besser so.«

Nachdem sie aufgelegt hatte, braute sie sich einen Kaffee und trat auf die Veranda hinaus. Der frische Wind, der vom Meer herüberwehte, trocknete ihre feuchten Augen und lenkte sie ein wenig von ihren trüben Gedanken ab. In der tiefen Dunkelheit über dem Meer und den vorgelagerten Inseln wirkte der Sternenhimmel besonders eindrucksvoll. Glitzernde Diamanten auf schwarzem Samt, ein Vergleich, den sie schon einige Male gelesen hatte, aber erst hier draußen wirklich verstand. In der Wildnis fernab der großen Städte war der Himmel ein anderer, waren die Sterne zahlreicher und leuchteten doppelt so stark. Das Rauschen der Brandung klang bereits wie ein vertrautes Lied und erzählte vom

Meer, das weit und friedvoll und wild und ungestüm sein konnte.

Sie lehnte sich mit den Unterarmen auf das Geländer und blickte zur Küste hinab. Ein breiter Sandstreifen erstreckte sich unterhalb eines steilen Hanges und führte bis zum Fischereihafen. Ein Pärchen ging im Mondlicht spazieren. Sie beobachtete die beiden eine Weile und erschrak, als die beiden stehen blieben und ihr die Gesichter zuwandten. Chris und Jennie, das waren Chris und Jennie, vertraut wie ein Liebespaar, warum gingen sie sonst im Mondlicht spazieren?

Ella hatte keine Lust, sich länger mit ihrem Anblick zu quälen, und lief in ihr Zimmer. Sie schloss ab und ging, ohne sich zu waschen, ins Bett, aus Angst, sie könnte Chris und Jennie in der Küche oder im Flur begegnen. An Schlaf war jedoch nicht zu denken. Ihre Gedanken überschlugen sich, quälten sie mit Bildern und zerstörten die Harmonie, die noch vor wenigen Stunden zwischen Chris und ihr bestanden hatte. Es war, wie Megan gesagt hatte. Man reagierte wieder wie ein Schulmädchen, wenn man verliebt war, und es gab absolut nichts, was man dagegen tun konnte. Nicht mal der Kaffee schmeckte noch.

Auf ihrem Radiowecker war es kurz vor elf, als Chris und Jennie endlich in die Pension zurückkehrten. Ella war sofort hellwach, wollte gar nicht hören, was sie sagten, und lauschte doch. Immerhin kicherten sie wie zwei verliebte Teenager. Sie gingen an ihrer Zimmertür vorbei und weiter in die Küche und brauten anscheinend Kaffee, ließen aber die Tür offen, sodass Ella jedes Wort hören konnte.

Jennie kam ihr weinerlich vor. »Du musst mir versprechen, dass du mich anrufst«, sagte sie, »gleich, wenn du nach L.A. zurückkommst. Du liebst mich, das spüre ich, auch wenn du dich heute etwas komisch anstellst. Hat dir denn die Nacht damals nicht gefallen? So guten Sex hatte ich seit einigen Jahren nicht mehr, weißt du das? Wir können das gerne wiederholen, wenn du willst, sogar heute. Ella schläft schon und in deinem Zimmer sind wir ungestört.«

»Ich bin todmüde, Jennie, und muss morgen früh raus.«

»Dann bleibe ich eben noch einen oder zwei Tage länger. Ich störe dich auch nicht bei der Arbeit. Wenn du willst, verkrieche ich mich ruhig in eine Ecke.«

»Das geht nicht, Jennie, allein schon wegen der Versicherung. Die sind sehr penibel, wenn es um Besucher und Mitreisende geht. Stell dir vor, dir passiert was. Das gäbe einen Riesenärger! Nein, Jennie, du musst morgen zurückfliegen.«

»Aber in L.A. rufst du mich an.«

Ella wartete geduldig, bis Jennie sich die Zähne geputzt hatte und in einem der freien Zimmer verschwand, nicht ohne vorher noch einmal bei Chris vorbeizuschauen und ihm etwas ins Ohr zu flüstern oder sich mit einem Gutenachtkuss aufzudrängen. Chris brauchte nicht so lange wie Jennie und blieb vor Ellas Zimmer stehen. Sie hörte, wie er den Türknopf drehte und sicher überrascht war, dass sie abgeschlossen hatte. »Ella!«, glaubte sie ihn flüstern zu hören, kurz darauf entfernten sich die Schritte, und er ging in sein Zimmer.

Sie begann zu weinen, vor allem aus Wut darüber, ihm vertraut zu haben und von ihm enttäuscht worden zu sein. Zu erkennen, dass sie Chris erst seit wenigen Tagen kannte und keinerlei Rechte auf ihn hatte, war kein Trost. Wer wusste schon, wie sie reagiert hätte, wenn sie wieder in Kalifornien gewesen wären? War Chris doch nur eine »Urlaubsbekanntschaft«, ein intensiver, aber kurzlebiger Flirt, der schon bald wieder vergessen war? *Zum Teufel mit ihm*, dachte sie.

Ihr knappes »Guten Morgen« war das Einzige, was sie nach dem Aufstehen um vier Uhr früh sagte. Wahrscheinlich hätte sie auch unter normalen Umständen um diese Zeit wenig geredet, doch Chris verstand und war klug genug, nicht nach Entschuldigungen zu suchen und auf sie einzureden. Während er duschte, belegte sie die Sandwiches für unterwegs und füllte heißen Tee in ihre Thermoflaschen. Beim Frühstück begnügten sie sich mit Tee und einem Biskuit.

»Ella!«, begann Chris dennoch, aber sie war schon auf dem Weg nach draußen und reagierte nicht auf ihn. »Warte auf mich, Ella! Was ist denn los mit dir?«

»Was soll schon los sein?«, erwiderte sie nur.

Auf seinem Boot wartete Travis bereits. Er spürte wohl, dass es Zoff zwischen Ella und Chris gab, sagte aber nichts. Es war ihre private Angelegenheit. Mit tuckerndem Motor fuhr er aus dem Hafen und beschleunigte erst, als er einen der natürlichen Kanäle erreicht hatte und außer Sichtweite des Hafens war. An der Küste entlang steuerte er nach Süden.

Ellas Laune besserte sich nur ganz allmählich. Der frische Fahrtwind tat ihr gut und linderte einige der hässlichen Gedanken, die ihr seit dem vergangenen Abend durch den Kopf gingen. Sie stand am Bug und stützte sich mit beiden Händen auf die Reling, blickte in die Dunkelheit und auf den zitternden Mond, der sich unter den Bugwellen des Bootes auflöste. Zu beiden Seiten des schmalen Kanals erhob sich der Fichtenwald wie eine dunkle Wand. Die Sonne würde erst in einer guten Stunde aufgehen und gegen die grauen Wolken ankämpfen.

Der Mond war bereits untergegangen. Sie überquerten gerade den Fitz Hugh Sound, einen Teil der Inside Passage, durch die auch die Fähren und großen Kreuzfahrtschiffe nach Alaska fuhren, als Travis die bedrückende Stille unterbrach. »Ich habe mit meinem Großvater gesprochen«, sagte er, »er hat die Bewohner angewiesen, die Wolfsjäger im Auge zu behalten und darauf zu achten, dass sie Cula nichts antun können.«

Anscheinend nahm er an, Ella und Chris sorgten sich um das Wohl des schwarzen Wolfs und hätten auch Bedenken, selbst von den Wolfsjägern belästigt zu werden. »Wenn sie merken, dass wir ihnen auf die Füße treten, werden sie bald wieder abreisen, da bin ich sicher.«

»Wollen wir's hoffen«, sagte Ella, auch wenn ihr nicht nach Reden zumute war.

Um einer weiteren Unterhaltung aus dem Weg zu gehen, ging sie zum Bug und stützte sich auf die Reling. Schäumende Gischt spritzte ihr entgegen und nässte Haare, Gesicht und Anorak. Das Salzwasser brannte in ihren Augen.

»Bist du böse auf mich?« Chris war unbemerkt neben sie getreten.

»Nur traurig …«, antwortete sie.

»Ich hab nichts mit Jennie«, versuchte Chris sich zu rechtfertigen. »Ich hab längst mit ihr Schluss gemacht, du hast uns doch gesehen in Malibu. Ich hab ihr gesagt, dass ich nichts mehr von ihr wissen will, und das ziemlich deutlich.«

»Anscheinend nicht deutlich genug.«

»Sie ging mir auf die Nerven. Schlich mir wie eine Stalkerin nach und fiel mir bei jeder Gelegenheit um den Hals, ob ich wollte oder nicht. Ich hab ihr gesagt, dass die Nacht mit ihr ein Fehler war, sie wäre hübsch und sexy, aber es würde mehr zu einer Beziehung gehören. Sie wollte nicht hören. Lauerte mir vor dem Supermarkt und am Strand auf, wenn ich nicht gerade unterwegs war, aber dass sie mir bis nach Kanada nachfahren würde, hätte ich nicht gedacht.«

»Und du lädst sie trotzdem zum Essen ein? Lässt dich von ihr küssen?«

»Was sollte ich denn tun?«, versuchte er sich herauszureden. »So schnell wie sie an meinem Hals hing, konnte ich mich doch gar nicht wehren. Ich wollte nicht mit ihr zum Essen gehen, wirklich nicht. Aber was wäre passiert, wenn ich's nicht getan hätte? Sie hätte doch keine Ruhe gegeben.« Er blickte eine Weile in die gleiche Richtung wie sie und blinzelte in die aufgehende Sonne, die über den Bergen im Osten nur als heller Fleck zwischen den Wolken zu erkennen war. »Tut mir leid, Ella. Ich hätte ihr sagen sollen, dass wir zusammen sind, und es besser wäre,

wenn sie uns in Ruhe lässt. Sie hätte damit nicht durch-
kommen dürfen. Tut mir leid.«

»Schon gut«, wich sie ihm aus.

Sie glaubte ihm zwar, war aber erleichtert, als er nicht
weiter auf sie einredete und zum Heck zurückkehrte um
einige belanglose Worte mit Travis zu wechseln. Sie hätte
nichts lieber getan, als ihm zu verzeihen, ihn zu umarmen
und zu küssen, war aber noch nicht bereit dafür. Zu groß
war ihre Enttäuschung. Sie wusste selbst, wie albern es
war, seinem Fehler zu viel Bedeutung zuzumessen, sie waren schließlich keine Kinder mehr und hatten es nicht mit
Ehebruch oder einer ähnlichen Verfehlung zu tun. Gegen
die Küsse hatte er sich kaum wehren können, das hatte
sie selbst gesehen, und indem er Jennie zum Essen aus-
geführt hatte, hatte er sicher einem Streit aus dem Weg
gehen wollen. Aber warum waren die beiden dann noch
wie Verliebte am Strand entlangspaziert?

Sie erkannte sich selbst nicht mehr. Sie hatte sich immer für erwachsen gehalten, selbstbewusst genug, um sich
nicht mit emotionalen Problemen herumzuplagen, die
man nur bei unbedarften Teenagern vermuten würde. Das
beste Mittel gegen ihre Stimmung war, sich in die Arbeit
zu stürzen und jeder Diskussion darüber aus dem Weg zu
gehen. Es gelang ihr nur mühsam. Immer wenn sich ihr
Blick mit dem von Chris kreuzte, verspürte sie einen ungewohnten Druck in ihrer Brust und das Verlangen, sofort
loszuweinen. Die salzige Gischt des Meeres kam wie gerufen, ihr die Tränen aus den Augen zu spülen.

Gegenüber von Hunter Island, der lang gestreckten
Insel, auf der Travis den schwarzen Wolf gesehen haben

wollte, fuhren sie in die breite Mündung des Koeye River, eben des breiten Flusses, der für seinen Lachsreichtum bekannt war. In jedem Sommer kehrten die Lachse aus dem Pazifik zu ihrem Geburtsort zurück, um dort zu laichen und für den eigenen Nachwuchs zu sorgen. Ein Fest für die Bären, die von weit her kamen, um dort die schmackhaften Fische aus dem Wasser zu fischen, und für Küstenwölfe, die zwar nicht so geschickt wie die Bären waren, aber ebenfalls auf ihre Kosten kamen.

»Wir fahren jetzt ungefähr eine Stunde flussaufwärts«, sagte Travis, »hier unten ist zu viel Betrieb, da lassen sich keine Wölfe blicken. Zu viele Menschen.«

Tatsächlich begegneten sie im Mündungsgebiet des Flusses zahlreichen Anglern. Die meisten winkten ihnen zu, hatten schon etliche Lachse gefangen und waren bester Laune. Ein Angler hielt einen mehrere Pfund schweren Lachs in die Höhe, ein Rekordfang, wie er am Koeye River nicht selten war. Weiter flussaufwärts fuhren sie an einer Lodge vorbei, die von Heiltsuk betrieben wurde und umweltfreundlichen Öko-Tourismus anbot. Die Gäste verpflichteten sich, im Einklang mit der Natur zu leben, sie sich nicht untertan zu machen, sondern sich als Teil dieser Natur zu sehen. So dachten die Heiltsuk, in der Natur waren sie den Geistern ihrer Vorfahren besonders nahe. Als Besucherin, die aus einer Riesenstadt wie Los Angeles kam, spürte Ella besonders, wie sehr sie die Verbindung zur Natur schon verloren hatte.

Mit zunehmender Dauer wurde der Koeye River schmaler. Es waren kaum noch Angler zu sehen, und unter dem verwaschenen Himmel wirkte der Fluss einsamer, als gebe es in seinem Mündungsgebiet weder eine Lodge noch Angler. Sie fuhren in längst vergangene Zeiten zurück, in eine Welt, in der Bären und Wölfe relativ ungestört von ihren Heiltsuk-Nachbarn leben und sich einer Freiheit erfreuen konnten, die selbst so starken Tieren wie ihnen nicht mehr gegönnt war. Zu gefährlich waren heute die Trophäenjäger aus dem Inland.

An einer Biegung des Flusses begegneten sie den ersten Bären. Sie ließen sich durch das leise Tuckern des Motors kaum stören, wateten durch den Fluss und fischten die fetten Lachse mit einem wuchtigen Hieb ihrer Pranke aus dem Wasser. Einige der wandernden Fische sprangen direkt in ihr Maul. Sie verspeisten die silbrig glänzenden Lachse am Ufer, selbst die jungen Bären waren schon geschickt genug, um einige der Fische zu erwischen. Im Sommer mussten sich die Bären den Fettspeicher zulegen, den sie für den Winter brauchten.

Travis drosselte das Tempo und gab Chris genügend Gelegenheit, einige Fotos der fischenden Bären zu schießen. Bilder, die man schon oft in Reisemagazinen gesehen hatte, deshalb wurde Chris auch schnell ungeduldig und sagte: »Lass uns lieber weiter zu den Wölfen fahren. Bist du sicher, dass wir welche erwischen?«

»Ganz sicher«, erwiderte Travis, »das Koeye-Rudel ist fast jeden Tag am Fluss. Acht Wölfe, die schon ewig hier leben und wissen, dass ihnen von den Heiltsuk keine Gefahr droht. So fette Beute wie hier finden sie nirgendwo.«

Ella sagte gar nichts, war immer noch in Gedanken, als sie an der nächsten Biegung anlegten und das Boot festmachten. Travis nahm sein Gewehr mit und steckte die Sprühdose mit dem Bärenspray ein, immer noch das wirksamste Mittel, wenn man einem wütenden Grizzly gegenüberstand, wenn auch keine Garantie. »Ich gehe den Bären aus dem Weg«, sagte Travis, »und sie lassen mich in Ruhe, solange ich ihnen nicht zu nahe komme. Gewehr und Bärenspray nehme ich nur für alle Fälle mit. Keine Bange, ich kenne mich mit ihnen aus.«

An der Biegung begann ein schmaler Pfad, der parallel zum Flussufer durch dichten Fichtenwald führte und den Heiltsuk vor vielen Jahrzehnten wohl als Jagdpfad gedient hatte. Travis übernahm die Führung. Er unterhielt sich rege und laut mit Chris und Ella, ein bewährtes Mittel, um sich Bären vom Leib zu halten. Nichts war gefährlicher, als einen Bären zu überraschen. Gegen einen mächtigen Grizzly war auch mit Bärenspray nicht allzu viel auszurichten. Die lauten Stimmen sagten ihm, dass Menschen in der Nähe waren, und ließen ihn schleunigst das Weite suchen.

Nach ungefähr zwei Meilen stießen sie auf frische Spuren im Morast. Travis kniete nieder, besah sie und brauchte nicht lange zu überlegen. »Wölfe!«, sagte er.

# 12

Sie folgten den Spuren durch den dichten Wald, unterhielten sich weiterhin und traten ganz bewusst auf einigermaßen trockene Zweige, um die Bären wissen zu lassen, dass sie in der Nähe waren. Eine Vorsichtsmaßnahme, an die sich Ella erst gewöhnen musste. Unbedarfte Wanderer folgten ihrem Instinkt und versuchten, möglichst lautlos durch den Wald zu stapfen, wenn sie besser das Gegenteil getan hätten, um sich vor einer unliebsamen Überraschung zu schützen.

Obwohl es längst nicht mehr regnete, war es ungewöhnlich feucht in dem Regenwald. Bei jedem Schritt über den dunkelgrünen Waldboden quoll Wasser wie aus einem Schwamm aus dem Moos, und die nassen Farne reichten Ella bis zum Hals. Von den Bäumen tropfte Wasser, und die entwurzelten Stämme, die teilweise kreuz und quer lagen, waren so glitschig, dass man selbst mit festen Wanderschuhen oftmals den Halt verlor. Beinahe fühlte man sich wie im südamerikanischen Dschungel, nur dass es statt der drückenden Schwüle eher nasskalt war.

»Hab ich euch schon verraten, warum der Rabe das wichtigste unserer heiligen Tiere ist?«, fragte Travis, als es still zwischen ihnen geworden war, weil vor allem Ella und Chris damit zu tun hatten, auf dem nassen Boden nicht den Halt zu verlieren. »Wie ihr sicher wisst, leben die Heiltsuk in Clans zusammen. Jeder Mann und jede

Frau ist mit der Mutter dieses Clans verwandt, deshalb dürfen wir auch nur ein Mitglied eines anderen Clans heiraten. Der Wolfsclan, zu dem ich gehöre, kam erst später dazu. Die anderen heiligen Tiere, der Killerwal, der Adler und der Rabe, machten unter sich aus, wer ihr Häuptling sein sollte, und beschlossen, die Reihenfolge in einem Rennen zu klären. Es sollte über mehrere Meilen gehen.« Obwohl er die Geschichte sicher schon mehrere Male erzählt hatte, redete er voller Inbrunst. »Um möglichst gleiche Bedingungen zu schaffen, bauten sie Handicaps ein: der Killerwal durfte während des gesamten Rennens nicht auftauchen, um Luft zu schnappen, und der Adler und der Rabe durften nur einmal mit den Flügeln schlagen. Der Killerwal und der Adler waren dumm genug, sich an die Regeln zu halten. Schon nach einer Viertelstunde musste der Killerwal auftauchen. Weil er eine Regel gebrochen hatte, erstarrte er zu Stein und sank auf den Meeresgrund. Auch der Adler verlor zu viel Kraft, schlug verbotenerweise mit den Flügeln und verwandelte sich in einen Berg, den man heute noch sehen kann. Als Sieger ging der Rabe durchs Ziel, aber nur, weil er betrogen hatte. Er hatte sich einige Zweige unter die Flügel geklemmt, um besser gleiten zu können, und wurde so Chief Raven.«

»Ich wusste gar nicht, dass Raben so gemein sein können«, sagte Ella.

»Der Rabe ist unser Trickser«, erwiderte Travis. »Vor allem ist er für seine lustigen Streiche bekannt, aber er kann auch sehr gemein sein. Zum Glück sind nicht alle Rabenleute wie er. Ich bin sehr stolz, zum Wolfsclan zu gehören.«

132

Ein Geräusch drang durch den Wald zu ihnen. Kein Wanderer, dazu war das Knacken der Äste zu laut. Travis blieb sofort stehen und ermahnte Ella und Chris mit einem Blick, das Gleiche zu tun. »Nicht bewegen!«, flüsterte er.

Keine fünfzig Schritte vor ihnen stapfte ein Grizzly durch das Unterholz. Ein brauner Koloss, vierhundert Kilo schwer und ziemlich schlechter Laune, wie man an seinem wütenden Fauchen hören konnte. Ella stand zwischen einigen Farnen, die sie fast völlig verdeckten und ihr ein trügerisches Gefühl der Sicherheit gaben, denn ein Grizzly erkannte seine Beute vor allem am Geruch.

Sie blickte Chris an, der es bei seinem letzten Auftrag mit Löwen und Nashörnern zu tun bekommen hatte, nun aber dennoch ebenfalls Angst zu haben schien. Die Versuchung, davonzulaufen und dem Grizzly auf diese Weise zu entkommen, war riesengroß, doch einem solchen Bären davonzurennen, hatte noch niemand geschafft, wie sie von Travis erfahren hatten. Der blieb cool und vertraute wohl darauf, dass sie gegen den Wind standen und der Bär sie nicht wittern konnte.

Ella beobachtete mit klopfendem Herzen, wie der Grizzly über einen entwurzelten Baumstamm stieg und im Halbdunkel des Waldes verschwand. Erst als er nicht mehr zu hören war, wagte Ella, sich zu bewegen. »Wow!«, flüsterte sie. »So einen großen Bären hab ich noch nie gesehen. Zum Glück ist er weg!«

»Simon«, sagte Travis. »Keine Ahnung, wer ihn so genannt hat. Er lebt schon seit einigen Jahren am Koeye River. Eigentlich ein ruhiger Kerl, nur wenn man ihn auf dem falschen Fuß erwischt, wird er wütend.« Er grinste. »Keine Angst, so nahe am Fluss hat der was Besseres im Sinn, als auf Menschen loszugehen.«

»Lachse?«

»Ohne Ende«, erwiderte er.

Was er damit meinte, sahen sie vom Waldrand aus, als der Pfad direkt am Fluss entlangführte. Nicht nur Simon, sondern noch fünf weitere Bären, ein Grizzly und vier Schwarzbären, standen unterhalb einiger Stromschnellen im Fluss und fischten die Lachse aus dem schäumenden Wasser. Ein Schauspiel, das Urlauber aus aller Welt anlockte, an dieser Flussbiegung aber kaum Zuschauer hatte. Außer zwei Elchbullen am anderen Ufer war niemand zu sehen.

Chris stieg auf eine Sandbank am Ufer und fotografierte die fischenden Bären. Besonders zwei jüngere Schwarzbären hatten es ihm angetan. Sie waren lange nicht so geschickt wie ihre Mutter, griffen ständig daneben, und einer der beiden verlor sogar den Halt und wurde von der Strömung erfasst, bis ihn seine Mutter am Kragen packte und ans Ufer zog. Simon zeigte wenig Respekt vor seinen Artgenossen, vertrieb den zweiten Grizzly vom besten Platz im Fluss und brauchte nur einmal kurz zu fauchen, bevor dieser seinen Platz räumte.

»Großartig!«, schwärmte Chris, als er zurückkam. »Aber noch keine Wölfe.«

»Sie sind nicht mehr weit«, versprach Travis.

Die Wolfsspuren waren deutlich auf dem feuchten Waldboden zu erkennen. Acht Wölfe, zählte Travis, das Koeye-Rudel, eines der bekanntesten Wolfsrudel an der

Küste des Great Bear Rainforest. »Nicht auszudenken, wenn die Wolfsjäger einen von ihnen erwischen würden! Sie sind etwas Besonderes. Nicht nur die Leute meines Clans verehren diese Wölfe. Sie gehören zu unserem Land wie die Zedernbäume in den Wäldern.«

»Ich dachte, Bären und Wölfe fischen auch zusammen?«, fragte Ella.

»Das stimmt«, antwortete Travis, »aber nicht, wenn Simon sich im Fluss sehen lässt. Sie haben keine Angst vor ihm, vielleicht ein bisschen, aber nicht viel, und zollen ihm Respekt. Am Koeye River herrscht König Simon, das erkennen auch die Wölfe an. Der Fluss ist groß genug für Wölfe und Bären.«

Sie kletterten die Uferböschung hinab und postierten sich unterhalb des Steilufers. Staunend blickten sie auf die fischenden Wölfe. Wie die Bären standen sie im Wasser, folgten ihrer Beute mit den Augen und versuchten, sie mit dem Maul zu schnappen oder anderweitig aus dem Fluss zu ziehen. Was selbst bei einem Grizzly wie Simon beinahe spielerisch und leicht aussah, war für die Küstenwölfe, die von der Natur nicht für diese Arbeit ausgestattet waren, umständlich und mühsam. Doch sie gaben nicht auf, zogen einen Lachs nach dem anderen aus dem Wasser und machten sich an den Köpfen zu schaffen. Böiger Wind wehte über den Fluss und brachte den fischigen Geruch der kopflosen Lachse mit, die weit verstreut im Ufergras lagen. Es gab genug andere Tiere, die sich über die Kadaver freuten und genüsslich daran knabberten. Die Natur ließ nichts verkommen, sogar die Überreste ernährten noch kleinere Lebewesen.

Während Chris eifrig fotografierte, beobachtete Ella die Wölfe durch ihr Fernglas. Der Anführer war leicht zu erkennen. Er war größer als die anderen Wölfe, strahlte eine gewisse Autorität aus und stellte sich am geschicktesten beim Fischen an. Seine Partnerin stand ihm in nichts nach, sie wirkte vielleicht sogar noch ein wenig eleganter in ihren Bewegungen. Ihre sechs Nachkommen waren zum Teil schon erwachsen, nur einer der jüngeren Wölfe war so ungeschickt, dass er kaum einen Lachs erwischte. Vielleicht stellte er sich auf der Jagd nach jungen Hirschen oder Elchen geschickter an. Kräftig genug schien er zu sein.

»Seltsam, dass man bisher so wenig von den Küstenwölfen gehört hat«, sagte Ella. »Höchste Zeit, dass die Menschen von diesen Tieren erfahren.«

Travis wirkte bedrückt. »Ich weiß nicht«, sagte er, »manchmal denke ich, man sollte die Natur in Ruhe lassen und weder Lodges errichten noch Besucher zu fischenden Bären oder Wölfen führen. Natürlich sollen sich die Menschen an unserer Natur erfreuen, aber ich habe immer noch Angst, unserem Land könnte es wie dem brasilianischen Regenwald ergehen. Ich hab eine Doku darüber gesehen. Skrupellose Geschäftemacher holzen die Wälder ab, obwohl dadurch die Klimakatastrophe noch schlimmer wird, und Touristen fahren in Ausflugsbooten über den Amazonas und bringen alles durcheinander.«

»Aber euer Land steht immerhin unter Naturschutz.«

»Ein Teil unseres Landes«, verbesserte sie der Heiltsuk, »auf manchen Inseln gibt es immer noch Holzfäller, und wenn wir noch ein paar Lodges bauen und noch mehr Urlauber kommen, verschwinden auch die Wölfe und Bären. Warum verbieten sie die Jagd auf Bären und Wölfe nicht? Warum bloß?«

Ella notierte, was er gesagt hatte. »Keine Angst, Travis. In meiner Reportage gehe ich auch darauf ein. *Blue Horizons* ist kein politisches Kampfblatt, aber wir gehören zu denen, die sich für den Erhalt unserer Natur einsetzen und schildern auch, wo es Probleme gibt. Wir werden ein Bewusstsein dafür schaffen.« Sie blickte auf den Fluss hinaus. »Kommt das Rudel jeden Tag hierher? Dann müsste es doch hier von Urlaubern wimmeln.«

»Manchmal sind sie noch weiter nördlich«, antwortete Travis, »sie gehen den Bären gern aus dem Weg, besonders den Grizzlys, obwohl sie sich gegenseitig in Ruhe lassen. Und Touristen sieht man hier oben kaum. Sie können keine Spuren lesen und wissen nicht, wo sich die Wölfe gerade aufhalten. Und sie haben Angst vor den Grizzlys. Von der anstrengenden Wanderung ganz zu schweigen. Die Passagiere von den Kreuzfahrtschiffen haben kaum Zeit. Mehr als ein kurzer Bootstrip zu den Walen oder ein Rundflug ist da nicht drin.«

Ella öffnete ihren Rucksack. »Für die Natur muss man sich Zeit nehmen. Besonders wenn man mit Chris unterwegs ist.« Sie lächelte. »Er ist erst zufrieden, wenn er das perfekte Foto im Kasten hat, und das kann Stunden, manchmal sogar Tage dauern.« Sie zog ein Sandwich aus dem Rucksack. »Hunger?«

»Und ob. An der frischen Luft kriege ich immer Hunger.«

Nach einer Weile gesellte sich auch Chris zu ihnen und griff dankbar nach dem Sandwich, das Ella ihm reichte. Ihre Blicke streiften sich nur flüchtig, als fürchteten sie, eine unangenehme Wahrheit in den Augen des anderen zu sehen.

»Doppelseiten?«, fragte Ella.

»Vielleicht sogar was für den Titel«, antwortete er.

»Fehlt nur noch Cula.«

»Wenn wir ihn jemals erwischen. Wenn ich ihn nicht mit eigenen Augen gesehen hätte, würde ich sagen, die Heiltsuk bilden sich den schwarzen Wolf nur ein.« Er ließ sich von Travis den Teebecher reichen. »Ob er immer noch auf der Insel ist, auf der wir Housty getroffen haben? Er hat ihn auch gesehen.«

»Cula kann überall sein«, sagte Travis, »er ist ein Wanderwolf.«

Ella hätte gern etwas zu Chris gesagt, ihn spüren lassen, dass alles in Ordnung zwischen ihnen war, aber irgendetwas hielt sie zurück. Die Unbeschwertheit, die zwischen ihnen geherrscht hatte, ließ sich nicht erzwingen. *Ich brauche noch etwas Zeit*, signalisierte sie ihm mit einem Blick und einer flüchtigen Geste, als sie ihn scheinbar zufällig berührte, wusste aber nicht, ob er sie verstanden hatte. Warum musste Liebe so kompliziert sein, wunderte sie sich.

Ein missmutiges Knurren störte ihre Gedanken. Nicht nur sie, auch Chris und Travis hoben ihre Ferngläser an die Augen und blickten auf das Rudel hinab. Der Anführer hatte den Kopf gehoben und verriet allein durch seine steife Körperhaltung, dass Gefahr drohte. Auch die anderen Wölfe schienen es zu spüren. Lediglich die beiden Jungwölfe fischten ungestört weiter.

Das Knurren des Anführers trieb die Wölfe aus dem Fluss. In weiten Sätzen sprangen sie über die Sandbänke in Sicherheit und verschwanden nacheinander zwischen den Bäumen. Die Alpha-Wölfin wartete ungeduldig am Waldrand, bis auch die Jungwölfe den Ernst der Lage erkannt hatten und nachgekommen waren.

Ihre Vorsicht war begründet. Nur wenig später trieb der Wind wütende Stimmen vom anderen Ufer herüber, und die drei Wolfsjäger näherten sich. Alle drei hielten Gewehre in den Händen. Howie Dentz, der Anführer der Gruppe, fuhr seine Kollegen an: »Das habt ihr von eurem albernen Gequassel! Jetzt sind sie weg! Mit ein bisschen Glück hätten wir das ganze Rudel erwischt! Die ganze Plackerei umsonst!«

»Aber man soll laut sein, wenn Bären in der Nähe sind«, sagte Lee Morgan, der Übergewichtige mit den Tattoos. »Ich hab keine Lust, von einem Grizzly gefressen zu werden. Warum bleiben wir nicht auf den Inseln und suchen nach diesem Cula? Der zählt doch viel mehr als das Rudel. Ich seh das Bild schon vor mir. Wir drei vor dem toten schwarzen Wolf und irgendeine coole Schlagzeile. Tapfere Jäger töten die grausamste aller blutgierigen Bestien. Cula ist tot!«

»Wir hätten gleich schießen sollen«, sagte Jimmy.

»Bist du neuerdings Kunstschütze?«, fuhr ihn Howie an.

»Wir hätten es wenigstens versuchen sollen«, ließ Jimmy nicht locker, »die standen wie die Orgelpfeifen im Fluss. Wir hätten alle acht erwischen können!«

»Träum weiter!«, erwiderte Howie.

Ella und Chris traten ins Halbdunkel des Waldes zurück, um nicht gesehen zu werden, und hielten den Atem an, als Travis mit dem Gewehr in beiden Händen nach vorn trat und rief: »Lasst die Wölfe in Ruhe! Geht nach Hause!«

Howie lachte laut. »Wir haben geahnt, dass ihr in der Nähe seid, Kleiner! Willst du uns wieder Angst einjagen? Wir tun nichts Verbotenes! Laut Gesetz ist es erlaubt Wölfe zu jagen, das müsstest du doch langsam wissen. Die Regierung bittet sogar darum. Also spiel dich hier nicht auf und lass uns unsere Arbeit machen, okay?«

»Kehrt um! Das Rudel erwischt ihr sowieso nicht!«

»Wir kehren erst um, wenn wir Cula haben, kapiert?«

»Auch der geht euch nicht in die Fänge!«

»Das werden wir ja sehen. Du hinderst uns jedenfalls nicht daran. Und wenn du meinst, du könntest uns heimlich folgen, hast du dich gewaltig geschnitten.«

Bevor Ella und Chris sich einmischen konnten, verschwanden die Wolfsjäger. Sie liefen in den Wald und kehrten sicher zu ihrem Boot zurück. Wenn sie sich nur einigermaßen in der Gegend auskannten, hatten sie es sicherlich in der Nähe von Travis' Boot vertäut. Am Oberlauf kam man nur zu Fuß voran.

»Was meint er damit?«, wunderte sich Ella. Sie verschnürte den Rucksack und hängte sich ihn über die Schultern. »Wie kommt er darauf, dass wir ihnen nicht folgen können? Und was hat er davon? Wir sind doch nicht die Einzigen, die verhindern wollen, dass sie Cula töten und noch mehr Unheil anrichten.«

Travis grinste schwach. »Sie haben eine ziemlich große Klappe, aber ich glaube fast, sie haben Angst vor uns. Ein vorlauter Wilder, der mit seinem Gewehr herumfuchtelt, eine Reporterin und ein Fotograf aus Los Angeles, die über sie berichten und sie an den Pranger stellen könnten? Sie haben Schiss!«

»Das macht sie noch gefährlicher«, warnte Chris.

Sie kehrten im Laufschritt zu der Flussbiegung zurück, an der sie ihr Boot vertäut hatten. Geduckt liefen sie durch das feuchte Unterholz, bahnten sich einen Weg durch Farne und Gestrüpp und kletterten über entwurzelte Baumstämme. Als sie an den Bären im Fluss vorbeikamen, war Ella erleichtert, den mächtigen Simon bei seinen Artgenossen zu sehen und schon bald wieder aus den Augen zu verlieren. Sie wunderte sich, warum es Travis auf einmal so eilig hatte.

Nur ein paar Schritte vor ihr verlor Chris für einen Moment das Gleichgewicht und stürzte der Länge nach zu Boden. Er hatte Glück, denn er fiel auf einen weichen Moosteppich, der die Erschütterung dämpfte und ihm lästige Prellungen ersparte. Seine Fototasche rutschte ihm während des Sturzes von den Schultern und blieb am Ufer eines schmalen Baches liegen. Chris fluchte unüberhörbar.

»Chris!«, rief Ella erschrocken.

Sie lief zu ihm und zog ihn an beiden Händen vom Boden hoch. Als sie beide standen, hielten sie sich für einen Augenblick aneinander fest, und lächelten beide, als sie sich voneinander lösten und in die Augen blickten. Es kam Ella so vor, als hätte der Sturz die Magie zwischen ihnen aufs Neue entfacht.

»Alles klar?«, rief Travis von vorn. Er war schon weiter-gelaufen.

»Ich bin okay«, erwiderte Chris. »Halb so schlimm!«

Chris griff nach seiner Fototasche und sie liefen weiter. Von Ella war eine schwere Last gefallen, wie beschwingt folgte sie Travis und Chris durch den Regenwald und war nur leicht erschöpft, als sie die Anlegestelle erreichten.

Ihr Boot war verschwunden.

»Das hatte ich befürchtet«, sagte Travis. »Die Wolfs-jäger haben unser Boot losgebunden. Wenn wir Pech ha-ben, ist es schon aufs Meer rausgetrieben.«

»Bei den schmalen Kanälen?«, erwiderte Chris. »Das glaube ich nicht. Das liegt bestimmt an einer verlassenen Küste, oder ein Fischer hat es gestoppt.«

»Schön wär's. Vielleicht wissen die Leute in der Lodge was.«

»In der Öko-Lodge? Aber bis dahin sind es mindestens fünf Meilen!«

»Sechs«, verbesserte Travis ihn. »In zwei Stunden sind wir dort.«

»Wenn wir uns beeilen …«

Ihnen blieb nichts anderes übrig, als Travis durch das verfilzte Unterholz nach Westen zu folgen. Während der ersten zwei Meilen kamen sie nur langsam voran, dann stießen sie endlich wieder auf einen Trail, der allerdings an vielen Stellen zugewachsen und kaum auszumachen war. Ohne Travis hätten sich Ella und Chris wahrschein-lich rettungslos verlaufen. Auf einer Lichtung kamen sie an den riesigen Baumstümpfen abgeholzter Riesenzedern

142

vorbei, ein Anblick, der Travis die Tränen in die Augen trieb und für einen Augenblick verharren ließ. »Das ist Mord!«, schimpfte er. »Auch Pflanzen haben eine Seele. Einen mehrere Hundert Jahre alten Baum abzuholzen, ist ein Verbrechen!«

Ella empfand ähnlich. »So langsam verstehe ich die Heiltsuk«, sagte sie. »Sie leben mit der Natur im Einklang und sind ihr so nahe, dass sie unter jeder Verletzung von Tieren oder Pflanzen leiden. Sie wissen, dass wir mit der Natur auch uns selbst zerstören. Wir Stadtmenschen haben längst den Blick dafür verloren.«

Ella hatte noch das Bild der abgeholzten Zedern im Kopf, als sie endlich die Lodge erreichten. Über einen Wiesenhang stiegen sie zum Hauptgebäude hinab. Einer der Mitarbeiter stand vor dem Eingang und musste lachen, als er sie kommen sah. »Sie suchen bestimmt Ihr Boot. Es liegt dort drüben an der Anlegestelle.«

# 13

Die Lodge bestand aus einem Gemeinschaftshaus und mehreren Hütten für Besucher und Angestellte und lag auf einer Lichtung, die ein Holzfällerunternehmen in den Wald geschlagen hatte, als der Great Bear Rainforest noch nicht unter Naturschutz gestanden hatte. Inzwischen war der Wald aufgeforstet worden, und die Lodge war von einer üppigen Vegetation umgeben, mächtigen Sitka-Fichten, Zedern und Douglas-Tannen und farbenprächtigen Blumen.

»Ich bin Sam«, begrüßte sie der Mitarbeiter, ein junger Heiltsuk in Jeans und T-Shirt. Er führte sie zu dem Boot, das sorgfältig vertäut an der Anlegestelle lag. »Als ich vor einer Stunde an die Anlegestelle kam, lag es plötzlich dort. Die Strömung muss es ans Ufer getrieben haben. Das ist doch euer Boot?«

»Sieht so aus«, antwortete Travis und kletterte an Bord. Das Boot war nicht beschädigt, und es war alles noch an seinem Platz. »Die Mistkerle haben es losgebunden und wohl gehofft, dass es ins offene Meer treibt. Gut, dass sie es nicht entdeckt haben, als sie an der Lodge vorbeigekommen sind.« Er blickte Sam an. »Hast du sie gesehen? Drei weiße Männer in einem Motorboot?«

Sam nickte. »Ich hab sie durch mein Fernglas beobachtet, schon, als sie zum ersten Mal an der Lodge vorbeifuhren. Kamen mir gleich verdächtig vor. Sie sahen nicht wie Angler aus, und ich hab drei Gewehre an Bord entdeckt.«

»Wolfsjäger«, erwiderte Travis, »von der übelsten Sorte. Sie treiben sich schon seit einigen Tagen in unserer Gegend rum … sie sind hinter Cula her.«

»Sie wollen den schwarzen Wolf töten? Aber warum?«

»Aus reiner Mordlust … und weil sie damit angeben wollen. In den sozialen Medien und zu Hause bei ihren Kumpels, nehme ich an. Übelster Abschaum!«

»Schlimm«, sagte Sam. »Du bist Travis, nicht wahr? Ich hab von dir gehört. Du kommst aus Bella Bella, oder? Wie wär's mit einem Kaffee?«

»Gern.«

Während sie zum Haupthaus gingen, stellten sich auch Ella und Chris bei dem Mitarbeiter vor und verrieten ihm, weshalb sie hier waren. »Travis ist eine große Hilfe. Ohne ihn hätten wir die Küstenwölfe bestimmt nicht gefunden.«

Der Raum, in dem sie sich an einen der Tische setzten, war geschmackvoll eingerichtet und erinnerte mit seinen Wandgemälden und den Zedernbänken, die sich an den Wänden entlangzogen, an einen Gemeinschaftsraum der Heiltsuk und anderer Völker an der kanadischen Westküste. Stilisierte Muster, die Ella wie moderne Grafiken erschienen, ähnelten den Bildern auf Totempfählen. Totempfähle berichteten von der Geschichte des jeweiligen Volkes, hatte Ella gelesen.

Sam brachte frisch gebrühten und erstaunlich guten Kaffee und setzte sich zu ihnen. »Fair Trade«, betonte er nach dem ersten Schluck. »Wir wollen mit unserer Lodge beweisen, dass auch Tourismus ökologisch sein kann. ›EcoTourism‹, das Prädikat bekommt man nur, wenn man darauf achtet, der Natur so wenig wie möglich wegzunehmen. Hier gibt es keine Zufahrtsstraßen und keinen Jachthafen, und die Hütten sind aus Zedernholz gebaut, das in einem lizensierten Gebiet geschlagen und in Bella Bella von unseren Leuten verarbeitet wurde. Die Lodge ist im Besitz der Heiltsuk und wird von ihnen betrieben.«

Ella hatte bereits ihren Notizblock hervorgekramt und schrieb eifrig mit. Längere Interviews, bei denen es auf jedes Wort ankam, nahm sie mit dem Handy auf, aber handschriftliche Notizen waren ihr lieber. »Die meisten unserer Gäste leben auch privat sehr umweltbewusst und legen großen Wert darauf, die Natur nicht zu zerstören, wie es leider an zu vielen Urlaubszielen geschieht. Wir beziehen unsere Energie von der Sonne und dem Fluss vor unserer Haustür, bieten organisches Essen an. Einiges wird nach alten Rezepten unseres Volkes gekocht, Gemüse und Kräuter kommen aus unserem eigenen Garten, unsere Bettwäsche besteht aus natürlichen Stoffen und wird mit organischer Seife gewaschen und unsere Ausflüge unternehmen wir wie unsere Vorfahren in Kanus. Das klingt sehr extrem, aber den Heiltsuk ist ihr Regenwald heilig, und wir werden alles tun, um dieses Geschenk der Natur so lange wie möglich zu erhalten.«

Ella deutete auf eine Tafel, auf der etliche Veranstaltungen und Vorträge angekündigt waren. »Und Sie fördern die Tradition und Kultur Ihres Volkes.«

»Darauf legen wir sogar großen Wert«, betonte Sam. »Am stolzesten sind wir auf unsere Kiddie Camps. Während der Ferien laden wir zahlreiche Kinder auf unsere Lodge ein und erzählen ihnen, wie unser Volk früher gelebt hat. In der Schule erfahren sie nur wenig darüber. Als gäbe es uns gar nicht mehr.«

Ella interessierte sich schon seit ihrer Jugend für andere Länder und Völker und hatte schon oft darüber nachgedacht, welche Auswirkungen der Tourismus auf fremde Kulturen hatte. Einige amerikanische Nationalparks wie Yosemite und der Grand Canyon mussten zeitweise schon schließen oder verlangten Reservierungen, um sich gegen den Ansturm während der Hochsaison zu wappnen. Und Naturvölker wie die Massai in Afrika oder die Cherokee im amerikanischen Südosten sahen in den Touristen eine dringend benötigte Einnahmequelle, wodurch sie aber in eine toxische Abhängigkeit geraten waren. Ein Massai kam bei den sensationshungrigen Besuchern besser an, wenn er zum Mittanzen aufforderte, und ein Cherokee verdiente mehr, wenn er sich mit der Federhaube der Prärievölker präsentierte. Sam und die Heiltsuk waren nicht die Einzigen, die sich gegen solche Praktiken wehrten, auch bei *Blue Horizons* warb man für fairen Tourismus.

Bevor sie gingen, fotografierte Chris die Belegschaft der Lodge vor dem Hauptgebäude und schoss mehrere Einzelfotos von Sam, den Ella in ihrem Artikel zitieren wollte. Zwei Mitarbeiter posierten in einem Kanu für ihn. Travis unterhielt sich währenddessen mit einem Mitarbeiter, der mit ihm zur Schule gegangen war, und flirtete mit einer jungen Heiltsuk, die er von früheren Besuchen kannte.

147

Am späten Nachmittag brachen sie nach Bella Bella auf. Ein grauer Himmel wölbte sich über den Wäldern und dem Meer und vermischte sich mit dem nebligen Dunst über dem Wasser. Zwei Delfine begleiteten sie eine Weile und tauchten weg, als sie das Interesse verloren. Eine Möwe kreischte über ihnen und war sichtlich eingeschnappt, keine Fischreste ergattern zu können.

Trotz der frischen Böen, die vom offenen Meer zu ihnen herüberwehten, standen Ella und Chris am Bug. Ihre hochgezogenen Kapuzen schützten sie gegen den Wind. Ella lächelte still, als Chris wie ein schüchterner Junge seine Hand über die Reling schob und sie berührte. Sie lehnte sich an ihn und sagte: »Ich war voreingenommen. Ich hätte wissen müssen, dass du mit Jennie nichts anfängst. Du wolltest sie nicht vor den Kopf stoßen, das ist alles. Ich hab mich kindisch benommen und hätte dir vertrauen sollen. Tut mir leid, Chris.«

»Mir auch«, erwiderte er, »es wäre vielleicht besser gewesen, ihr eine klare Ansage zu geben. Sie kam mir beinahe wie eine Stalkerin vor. Wer fliegt denn zwei Stunden durch die Gegend, nur um einen Ex zu bedrängen? Ich kannte sie doch kaum. Ich hätte sie wegschicken und bei dir bleiben sollen.«

»Alles gut?«, fragte sie.

»Alles gut.«

Sie umarmten sich, hielten sich lange im Arm, bevor sie sich küssten und genossen die Wärme des anderen und die Gefühle, die beide vermisst hatten. Der salzige Geschmack von Chris' Lippen und der leichte Nieselregen, der Ella ins Gesicht wehte, machten ihr nichts aus. Obwohl sie ihn erst seit ein paar Tagen kannte, fühlte sie sich bei ihm zu Hause, als wäre ein Leben ohne ihn unvollkommen. Ein Gefühl, das sie bisher noch bei keinem Mann verspürt hatte. Das Leuchten in seinen Augen verriet ihr, dass er ähnlich dachte und sie nicht als eine nette Reiseunterhaltung ansah. Auch wenn es am Malibu Beach den Anschein gehabt hatte, als wäre er der Typ dafür.

Aus dem nebligen Dunst drang klagendes Heulen. Es trieb mit dem frischen Wind über die Fichten und Zedern der benachbarten Insel und verhallte über dem Meer. Ein Wolf, der seinen Artgenossen etwas mitteilen wollte. Eine einsame Wölfin, die wusste, dass Cula eine Partnerin suchte und nach ihm rief? Oder Cula selbst, der Yeo Island verlassen hatte und den Spuren einer Wölfin folgte? Ein Anführer, der die Wolfsjäger gewittert hatte und sein Rudel warnte?

»Cula?«, fragte Ella nur.

»Nicht Cula«, antwortete Travis, »irgendein anderer Wolf.«

»Du erkennst Cula an seinem Heulen?«

»Wenn du lange genug hier draußen lebst, sprechen die Tiere zu dir. Jeder Wolf klingt anders, und ihre Stimmen sind so verschieden wie bei Menschen.«

Ella griff nach ihrem Fernglas und suchte die Küste ab, konnte aber nichts entdecken. Ihr Blick verlor sich in dem Dunst, der über dem Wasser wogte und zwischen den Bäumen hing.

»Morgen wieder zu den Wölfen?«, fragte Travis, als sie sich dem Hafen von Bella Bella näherten. »Oder gleich nach Yeo Island und nach Cula suchen?«

»Morgen bleiben wir in der Stadt«, antwortete Ella. »Die Umgebung erkunden und mit einigen Leuten reden. In meinem Artikel muss rüberkommen, was diese Wölfe den Heiltsuk bedeuten. Dass sie etwas ganz Besonderes sind.«

Travis steuerte den Hafen an. »Das trifft sich gut. Morgen findet ein großes Potlatch zu Ehren von Pauline Willow statt. In unserem neuen Gemeinschaftshaus an der McLoughlin Bay, am Anlegeplatz der Fährschiffe ungefähr fünf Meilen südlich von hier. Wenn Sie wollen, bringe ich Sie mit dem Pick-up hin. Halb zehn okay? Das Potlatch beginnt um zehn. Bringen Sie Geschenke mit!«

»Etwas Besonderes zu essen und Süßigkeiten für die Kinder?«

Travis grinste. »Ich sehe schon, Sie kennen sich aus. Bei einem Potlatch werden viele Geschenke verteilt. Es gab reiche Heiltsuk, die ihr gesamtes Vermögen unter den Bedürftigen verteilt haben. ›Geben ist seliger als Nehmen‹, so heißt es doch in der Bibel, oder?«

»Und wer ist Pauline Willow?«

»Eine angesehene Frau unseres Volkes«, erklärte Travis. »Sie hat uns Heiltsuk geholfen, unsere Kultur zurückzubekommen. Ihr haben wir die Highschool und das College zu verdanken. Zu ihrer Zeit mussten alle Kinder, die weiter als auf der Grundschule kommen wollten, in einem Internat wohnen. Sie ist über siebzig und sehr krank, und wir wollen uns bei ihr bedanken, bevor sie von uns geht.«

»Glaubst du, wir können mit ihr reden und sie fotografieren?«

»Bestimmt … ich rede mit ihr.«

Ella lächelte. »Du hast gute Beziehungen.«

Das Boot der Wolfsjäger war nicht zu sehen, als sie den Anlegesteg erreichten und ausstiegen. Leichter Regen begleitete sie auf ihrem Weg zu ihrer Unterkunft. Unterwegs begegneten sie Chief Humchitt, der gerade sein Büro verließ. Er trug einen Anorak und hatte die Kapuze bis über die Stirn gezogen.

»Gut, dass ich Sie treffe«, sagte er. »Wie macht sich mein Neffe?«

»Wir hätten keinen besseren Guide finden können«, erwiderte Ella.

Er nickte zufrieden. »Ich möchte Sie zu unserem Potlatch einladen.« Er berichtete von dem geplanten Fest im Gemeinschaftshaus. »Wir haben nichts dagegen, wenn Sie fotografieren und mit den Leuten reden. Das Potlatch ...«

»Travis hat uns davon erzählt«, unterbrach Ella ihn. »Er bringt uns hin.«

»Guter Junge! Dann sehen wir uns morgen.«

»Jetzt ist Feierabend«, sagte Chris, als sie sich dem *Beach House* näherten. »Liegt die Pizza, die wir gestern essen wollten, noch im Kühlschrank? Mit Thunfisch, wie ich hoffe. Ich hab eine Dose gekauft, falls zu wenig drauf ist.«

»Und dazu eine leckere Diet Coke?«

»Oder ein Bierchen?«

»Haben wir beides auf Vorrat.«

»Na, dann.«

Trotz der Aussichten auf ein leckeres Pizza-Abendessen beschlich Ella ein ungutes Gefühl, als sie das Haus betraten. Auch Chris war nervös geworden.

Die junge Frau legte ihren Rucksack und den Anorak ab und ging in die Küche. Im Spülbecken lagen ein schmutziger Teller und ein halb gefüllter Kaffeebecher. »Abspülen hätte sie wenigstens können«, schimpfte sie leise, ging weiter ins Bad, um sich das Gesicht abzutrocknen und die Hände zu waschen und erschrak, als sie Jennies Waschbeutel neben dem Waschbecken stehen sah.

»Chris!«, rief sie aufgebracht. »Jennie ist noch hier!«

»Ich weiß«, antwortete er.

»Du weißt?«

»In meinem Zimmer lag ein Zettel.« Er räusperte sich verlegen, bevor er vorlas, was Jennie geschrieben hatte. »Ich lasse mich nicht wegschicken und denke gar nicht daran, nach L. A. zurückzufliegen. Wenn du mir schon aus dem Weg gehst, will ich wenigstens in deiner Nähe bleiben. Das kann mir niemand verbieten. Jeremy Harris, der Besitzer der Pension, war hier. Ich hab drei Nächte im Voraus bezahlt. Du wirst schon sehen, was du davon hast, mit einer anderen rumzumachen. Gib endlich zu, dass du mich liebst! In Liebe, Jessie.«

»Das lag in deinem Zimmer?«

»Ich kann nichts dafür, Ella.«

»Was verspricht sie sich davon? Glaubt sie, dich mit diesem Kinderkram zurückgewinnen zu können? Warum bleibt sie nicht in Malibu, da rennen genug Männer rum, die scharf auf ihren Typ sind. Warum ausgerechnet hier?«

»Sie ist wütend, weil ich mit ihr Schluss gemacht habe. Das ist sie nicht gewohnt. In Malibu sind ihr die Männer reihenweise nachgelaufen. Keine Ahnung, warum sie so auf mich fixiert ist. Weil sie mich nicht kriegen kann?«

»Ich würde sie am liebsten eigenhändig zum Flugzeug bringen.«

»Mach dich nicht verrückt«, sagte er. »Du weißt, dass sie uns nicht auseinanderbringen kann, und ich weiß mich zu wehren, falls sie zu aufdringlich wird. Leider können wir ihr nicht verbieten, hier zu wohnen. Keine Angst, sie ist die kalifornische Sonne gewöhnt. Lange hält sie es hier bestimmt nicht aus!«

»Wollen wir's hoffen!«

Er zerknüllte den Zettel und warf ihn in den Papierkorb. »Wollten wir nicht Pizza essen? Ich kümmere mich darum, okay? Und du könntest Tee kochen, mit Honig, falls wir welchen haben. Ich brauche was Warmes, bevor ich mir ein Bierchen gönne.« Sie gingen in die Küche und machten sich an die Arbeit.

»Es tut mir leid wegen Jennie«, sagte er, während er die Pizza in den Ofen schob. »Wenn ich gewusst hätte, dass sie sich wie eine Stalkerin benimmt, hätte ich sie nicht mal angesehen. Aber ich weigere mich, mir von ihr die Laune verderben zu lassen. Und noch viel entschiedener wehre ich mich dagegen, dass sie Misstrauen zwischen uns sät und versucht, uns auseinanderzubringen.«

»Das weiß ich doch, Chris.«

»Ich liebe dich, Ella!«

»Und das meinst du wirklich?«

»Sonst würde ich es nicht sagen.«

Sie ging zu ihm und legte beide Arme um seinen Hals. »Ich liebe dich auch, Chris!« Sie küssten sich, diesmal zärtlich und beinahe zurückhaltend, als befürchteten sie, sich sonst in ihrer Leidenschaft zu verlieren. »Das geht alles ziemlich schnell mit uns, nicht wahr? Ich hätte nie gedacht, dass so etwas mit mir passieren könnte. Ich bin nicht der Typ, der sich Hals über Kopf verliebt.«

»Ich auch nicht«, sagte er. »So kann man sich täuschen, nicht wahr?«

Sie lachte. »Ich täusche mich gern. Aber jetzt würde ich vorschlagen, du nimmst die Pizza aus dem Ofen, sonst müssen wir doch noch auswärts essen.«

Nach dem Schrecken, den Jennie ihr mit ihrer seltsamen Nachricht bereitet hatte, fühlte Ella sich nun erleichtert und entspannt. Das Glück besteht aus winzigen Augenblicken, die man bis zur Neige auskosten sollte, sagte man, und sie spürte plötzlich, dass es vielleicht ein ganzes Leben anhielt, wenn einem das Schicksal günstig gesonnen war. Nur ein paar Tage waren seit ihrer Abreise vergangen und schon glaubte sie, die Liebe ihres Lebens gefunden zu haben. Sie konnte es noch immer nicht fassen. So etwas gab es doch nur in Liebesromanen und romantischen Komödien.

Die Pizza mit dem Extra-Thunfisch schmeckte köstlich. Alles schmeckte extragut, wenn man verliebt war. Während der College-Zeit schwebte der Beziehungsklatsch um alles herum und junge Männer waren das vorherrschende Thema gewesen. Die meisten jungen Leute hatten damals ihre Liebeleien für wahre Liebe gehalten, um wenig später festzustellen, dass sie etwas sehr Wertvolles war, das man nicht erzwingen konnte. Ella hatte schon immer gewusst, dass sich wahre Liebe zu selbstständigen hart arbeitenden Frauen, wie sie eine war, seltener verirrte. Und doch war es geschehen.

Nachdem sie gegessen und abgespült hatten, traten sie auf die Veranda und blickten auf den Meeresarm hinab. Es hatte zu regnen aufgehört und die salzhaltige Luft fühlte sich wesentlich angenehmer als in Kalifornien an. Ella hatte ihren Arm um Chris' Hüfte und ihren Kopf an seine Schulter gelegt, lauschte seinem Atem und schloss die Augen, um den Moment noch intensiver zu genießen. Sie brauchten keine Worte, um sich zu verständigen. Das Gefühl, den geliebten Menschen nahe bei sich zu haben, war genug und fühlte sich gut an.

Als sie die Augen öffnete, erkannte sie das Boot der Wilderer im abendlichen Dunst. Sie fuhren unterhalb ihrer Pension vorbei, und sie sah, wie eine junge Frau aus der Kajüte stieg und rief: »Hey, Chris! Bist du zu Hause?«

# 14

Selbst im trüben Licht der Lampen, die bis auf das Wasser hinausstrahlten, war Jennie deutlich zu erkennen. Auch in langen Hosen und Anorak rekelte sie sich wie ein Starlet zwischen den Wilderern, ließ ihre langen blonden Locken im Wind flattern und schien es darauf abgesehen zu haben, Chris zu provozieren.

»Natürlich bist du zu Hause. Ich kann dich sehen, Chris.«

Howie Dentz drosselte den Motor und ließ das Boot mit der Strömung treiben. Mit dem drehbaren Suchscheinwerfer blendete er Ella und Chris auf der Veranda. Die Wolfsjäger lachten, als sie sahen, wie beide zurückschreckten.

»Hast du meine Nachricht gelesen, Chris?«, rief Jessie. In ihrer Stimme schwang Triumph mit. »Ich hab beschlossen, noch ein paar Tage länger zu bleiben. Mir gefällt es hier. Selber schuld, dass du mich abblitzen lässt und dich stattdessen von dieser langweiligen Tussi einfangen lässt. Ich hab mir drei neue Freunde geangelt. Die wissen, was sie an mir haben. Stimmt's, Howie?«

Howies schadenfrohes Grinsen war bis auf die Veranda zu sehen. »Du bist eine Rakete, Schätzchen, und wenn der Dummbeutel das nicht merkt, ist ihm nicht zu helfen. Was soll's? Du bist bei den Richtigen gelandet. Eine wie du braucht echte Männer und keinen schlaffen Jüngling, der nichts zustande bekommt. Wir geben dir, was eine wie du verdienst.«

»Wir wissen, was du draufhast, Honey!«, tönte Lee Morgan.

Jimmy lachte nur. Seine blitzenden Augen sagten genug.

»Sie ist ein echter Hingucker, deine Jennie«, Howie hatte noch nicht genug. »Wenn du nur ein bisschen Grips in deinem Kopf hättest, wärst du nicht so mit ihr umgesprungen. Von den Dingen, die Jennie mit uns anstellt, hat deine Freundin noch nicht mal gehört.« Er umarmte Jennie und küsste sie wild und leidenschaftlich. »Siehst du?«, triumphierte er. »Und das ist nur der Anfang!«

Chris stützte sich mit beiden Händen auf das Geländer und blickte verächtlich auf Jennie und Howie hinab. »Warum bist du nicht nach Hause geflogen, Jennie?«, rief er. »Am Malibu Beach gibt es genug Männer, die scharf auf dich sind. Warum musst du dich mit diesen Versagern herumtreiben?«

»Sag das noch mal, und ich brenn dir eine auf den Pelz!«, konterte Howie.

»Ich wollte nur dich, Chris«, antwortete Jennie. »Ich bin dir bis in diese gottverlassene Gegend nachgefahren. Gibt es einen größeren Beweis für meine Liebe? Aber du hast mich abserviert wie ein Schulmädchen! Das lasse ich mir nicht bieten, hörst du? Ich weiß, dass du mich liebst. Aber wenn du dich von dieser Tussi einfangen lässt, muss ich mich eben mit anderen Männern vergnügen. Howie und seine Freunde wissen, was sie an mir haben. Und sie wissen, wie man einer hübschen Frau Komplimente macht. Ist doch so, Howie?«

»Du bist die schönste Blume in meinem Garten«, prahlte Howie.

Ella hätte am liebsten gar nichts gesagt, konnte sich aber nicht beherrschen. »Wissen Sie, mit wem Sie sich da einlassen, Jennie?«, rief sie. »Das sind drei Wolfsjäger. Rücksichtslose Kerle, die Freude daran finden, wehrlose Tiere abzuknallen und mit ihren Trophäen in den sozialen Medien prahlen. Männer wie die haben keinen Funken Gefühl im Leib. Fliegen Sie zurück nach L.A.!«

»Sie haben mir gar nichts zu sagen!«

»Ich habe Ihnen Chris nicht weggenommen«, fuhr Ella fort. Sie bemühte sich um einen ruhigen Tonfall. »Als ich mich mit Chris am Malibu Beach getroffen habe, hatte er doch längst Schluss mit Ihnen gemacht. Warum fliegen Sie ihm bis nach Kanada nach? So verknallt, wie Sie sagen, können Sie doch gar nicht sein, wenn Sie einen Tag später mit diesen … Männern flirten.«

»Ich hab Spaß mit ihnen, das ist alles.«

»Mit Männern, die reihenweise Wölfe umbringen?«

»Sie tun nichts Ungesetzliches. Es gibt zu viele Wölfe in Kanada.«

»Sagen Sie, weil …«

»Weil ich mich erkundigt habe«, antwortete Jennie giftig.

»Bei Howie und seinen Freunden, nehme ich an.«

»Erzählen Sie keinen Unsinn!«, meldete sich Howie. »Wie oft soll ich Ihnen denn noch sagen, dass wir nur tun, was die Regierung von uns Jägern verlangt? Wenn die Natur sich nicht selber regulieren kann, müssen wir nachhelfen.«

»Und im Internet damit angeben.«

Howie schien genug zu haben und ließ den Motor aufheulen. Gefolgt von einer schäumenden Bugwelle, fuhr er in Richtung Hafen. Jennies Gekicher hing in der nebligen Luft, bis sie hinter der nächsten Biegung verschwunden waren.

»Sie ist noch dümmer, als ich dachte«, stöhnte Ella.

»Und leichtsinnig. Sie weiß wahrscheinlich gar nicht, wie gefährlich es ist, sich mit solchen Männern einzulassen. Wenn die erst mal einige Bierchen getrunken haben und ordentlich in Stimmung sind, kann sonst was passieren.«

»Sie muss hier weg. Am besten bringen wir sie morgen zum Flughafen. Wir bitten Travis, sie mitzunehmen, wenn wir zum Potlatch fahren. Der Flughafen liegt nebenan.«

Sie gingen bald zu Bett, jeder in seinem Zimmer, weil sie nach dem anstrengenden Tag todmüde waren und dringend Ruhe brauchten. Aber nicht, ohne sich noch einmal zu küssen und sich gegenseitig zu versprechen, dass es noch andere und wesentlich heißere Nächte geben würde. Obwohl sie einander ihre Liebe gestanden hatten, trauten sie ihrem Glück noch nicht und wollten abwarten, ob es auch die nächsten Tage und die Rückkehr nach L.A. anhalten würde.

Wäre ihre Beziehung nur eine Urlaubsbekanntschaft gewesen, hätten sie vielleicht anders entschieden, aber Ella hatte nur wenig Urlaub in ihrem Leben gehabt und nie Wert auf flüchtige Bekanntschaften gelegt. Umso ernster die Liebe, desto zurückhaltender schien Ella sich zu verhalten. Ein Phänomen, zu dem Megan ihre Theorien hatte. *Du willst, dass alles Schöne im richtigen Moment geschieht.*

Kaum lag sie in ihrem Bett, war Ella nicht mehr so sicher. Sie blickte minutenlang zur Tür und wartete darauf, dass sie sich öffnete und Chris in ihr Zimmer schlich, aber er kam nicht. Es war gut so. Mit einem Lächeln und der Vorfreude auf weitere gemeinsame Nächte, in denen sie sich näher sein würden, schlief sie ein.

Es musste schon weit nach Mitternacht sein, als sie das Knallen der Haustür und laute Schritte aus dem Schlaf rissen. Mit einem dumpfen Poltern fiel etwas zu Boden. Der Schmerzensschrei einer jungen Frau hallte durch das Haus.

»Jennie!«, flüsterte Ella.

Sie stieg aus dem Bett, öffnete vorsichtig ihre Tür und blickte in den Flur. Im gleichen Augenblick ging das Licht an, und Chris kam aus seinem Zimmer gestürmt. Jennie lag der Länge nach auf dem Holzboden und jammerte laut.

Ella lief zu ihr und gemeinsam mit Chris half sie ihr auf die Beine. Sie roch nach Alkohol und Zigaretten oder etwas Stärkerem. Bei dem Sturz hatte sie sich eine blutige Schramme an der Wange geholt, und als Ella ihren linken Arm ergriff, stöhnte sie vor Schmerzen. Sie konnte sich kaum auf den Beinen halten.

»Es scheint nur eine Prellung zu sein«, erkannte Ella, die von ihren Eltern, die beide Ärzte waren, glücklicherweise einiges über solche Verletzungen wusste. »Sonst alles okay, Jennie?«

»Nichts … okay«, brachte diese mühsam hervor.

»Haben Ihnen die Männer was getan?«

»Nein, verdammt … nein!«

»Schon gut«, erwiderte Chris ruhig, »wir bringen dich in dein Zimmer. Schlaf deinen Rausch aus, dann geht es dir besser. Wir wecken dich um kurz vor zehn und bringen dich zum Flughafen.«

Jennie sah nicht so aus, als würde sie auch nur ein Wort von alledem verstehen, und lallte etwas Unverständliches. Sie hatte aber nichts dagegen, dass Ella und Chris sie in ihr Zimmer brachten, ihr die dicken Klamotten auszogen und sie ins Bett legten. Als Ella mit einem Pflaster aus dem Bad zurückkehrte und es auf die blutige Schramme klebte, schlief Jennie bereits fest. Sie musste einiges erlebt haben.

»Ihr T-Shirt ist eingerissen«, sagte Chris. »Das sieht nicht gut aus.«

»Du meinst, sie haben ihr was angetan?«

»Den Kerlen ist doch alles zuzutrauen«, erwiderte er, »oder sie war so betrunken, dass sie alles mit sich machen ließ, was nicht viel besser ist. Morgen stellen wir sie unter die Dusche und setzen sie in den Flieger. Umso schneller sie von hier wegkommt, desto besser. Wer weiß, was sonst noch passiert.«

»Sollen wir die Polizei rufen?« Ella war überhaupt nicht mehr wütend auf Jennie, hatte eher Mitleid mit ihr und hoffte, dass ihr eingerissenes T-Shirt nichts zu bedeuten hatte. »Falls ihr die Männer was angetan haben, dürfen wir sie nicht davonkommen lassen. Jennie ist völlig daneben, sonst wäre sie nicht hier und erst recht nicht zu diesen Typen ins Boot gestiegen, aber von diesen Männern gegen ihren Willen … das hätte sie nicht verdient. Keine Frau hätte das verdient.«

Chris wirkte bekümmert. »Wir haben keine Beweise. Und die Wolfsjäger würden alles abstreiten und sagen, dass sie freiwillig an Bord gekommen ist und es darauf angelegt hat, mit ihnen Spaß zu haben. Was wahrscheinlich auch vorerst stimmt. Sie wollte mir eins auswischen und könnte niemals beweisen, dass etwas gegen ihren Willen geschehen ist.« Er zog Ella zu sich heran und drückte sie leicht. »Lass uns schlafen gehen. Und morgen noch mal mit ihr reden und dann dafür sorgen, dass sie ins Flugzeug steigt. In L.A. ist sie sicher besser aufgehoben.«

Ella kehrte in ihr Zimmer zurück, fand aber lange nicht in den Schlaf. Der Gedanke, dass sich die Wolfsjäger mit der betrunkenen Jessie vergnügt haben könnte, ließ ihr keine Ruhe. Selbst wenn es im gegenseitigen Einverständnis geschehen war, lösten die Bilder, die bei diesen Gedanken in ihrem Kopf entstanden, Übelkeit in ihr aus. Wie konnte Jennie sich mit diesen Kerlen so verschätzt haben. Diese skrupellosen Wolfsjäger, die wahrscheinlich alle verheiratet waren, und Jennie lediglich als vergnüglichen Zeitvertreib betrachteten, waren eine Gefahr für jeden.

Als sie irgendwann doch die Augen schloss, hatte sie zumindest das Glück, die Bilder nicht in ihren Träumen zu sehen. Sie träumte wirres Zeug, das keinen Sinn ergab, und schreckte erneut hoch, als es an ihrer Tür klopfte. Draußen war es bereits hell. Kurz nach sieben, stellte sie mit einem Blick auf ihr Handy fest.

Sie öffnete die Tür und sah Chris im Flur stehen.

»Jennie ist weg!«, sagte er.

»Weg? Einfach so? Ohne eine Nachricht?«

»Nichts. Ihr Koffer ist auch weg.«

Ella brauchte eine Weile, um die Nachricht zu verdauen. »Aber warum? Sie muss doch völlig fertig sein? Wo will sie denn so früh am Morgen hin?«

»Wir müssen sie suchen!«, sagte Chris sorgenvoll.

»Okay, gib mir fünf Minuten.«

Sie verzichteten selbst auf den Kaffee und liefen direkt zum Hafen hinunter. Es war kühl an diesem Morgen. Graue Wolken gaben der Sonne kaum eine Chance und warfen düstere Schatten auf die Inseln und das Meer. Nebelfetzen hatten sich in den Baumkronen verfangen. Über dem Meer krächzten einige Möwen.

»Wenn sie bei den Wolfsjägern ist, können wir ihr auch nicht mehr helfen«, sagte Chris. »Aber wo sollte sie sonst sein? Was ist bloß in sie gefahren?«

»Wir werden unseren Plan heute nicht einhalten können«, sagte Ella.

»So weit lasse ich es nicht kommen«, versprach Chris. »Wenn wir sie nicht finden, können wir nichts tun. Was meinst du, was Melanie sagen würde, wenn sie wüsste, dass wir hier meiner Ex-Freundin hinterherrennen.«

»Ich kann's mir gut vorstellen.«

Das Motorboot der Wolfsjäger lag am Anlegesteg vertäut. Aus der Kabine drang lautes Schnarchen. Chris ging in die Hocke und blickte durch eines der schmalen Seitenfenster. Er wischte die Feuchtigkeit von der Scheibe, um besser sehen zu können, und suchte vergeblich nach Jennie. »Sie ist nicht hier.«

Ella überzeugte sich selbst und sah die Wolfsjäger in ihrer Unterwäsche auf dem breiten Bett liegen. Howie schnarchte am lautesten und lallte im Schlaf. Auf dem Boden lagen etliche leere Bierdosen. Zwei ebenfalls leere Whiskeyflaschen kullerten im Rhythmus der Wellen unters Bett und zurück. Auf einem Teller lagen Zigarettenkippen. Weder Jennie noch ihr Koffer waren zu sehen.

»Wie nach einer Party«, sagte Ella.

»Oder einem Besäufnis. Sollen wir sie aufwecken?«

»Damit sie uns erschießen? Lieber nicht.«

Über die Zufahrtsstraße näherte sich ein altersschwacher Pick-up dem Anlegesteg. Travis stieg aus und war überrascht, sie zu sehen. »Hey«, rief er, »sollte ich Sie nicht erst um halb zehn abholen? Oder gibt's eine Planänderung?«

Chris erklärte ihm, was geschehen war. »Wir wollten sie eigentlich am Flughafen absetzen, wenn wir zum Potlatch fahren. Bei den Wolfsjägern ist sie nicht, und wir haben keine Ahnung, wo sie sich sonst versteckt haben könnte.«

»Wow!«, staunte Travis. »Was für ein Drama.«

»Ich weiß. Hast du eine Idee?«

»So früh am Morgen gibt's nicht viele Möglichkeiten. Ich wollte gerade meine gute Jacke für das Potlatch holen. Warten Sie hier, dann fahre ich mit Ihnen die Stadt ab. Vielleicht wartet sie auf die Fähre nach Denny Island.«

»Nach Denny Island? Das bringt sie auch nicht weiter.«

»Oder sie wollte Ihnen aus dem Weg gehen und hat sich von jemand anderem zum Flughafen fahren lassen. Da gibt's ein Café, das macht früh auf.« Er zögerte. »Und sie war bei den Wolfsjägern an Bord? Ziemlich leichtsinnig.«

»Wir dachten erst, sie wäre wieder bei ihnen.«

Travis wollte etwas erwidern, kam aber nicht dazu. Vom Boot der Wolfsjäger drang lautes Gähnen herüber, und sie sahen, wie Howie aus der Kabine kletterte und sich den Schlaf aus den Augen rieb. In seinen geblümten Shorts und dem T-Shirt mit dem Schriftzug einer Brauerei sah er wie ein Urlauber auf einem Camping-Ausflug aus. Erst als er Ella, Chris und Travis entdeckte, blitzten seine Augen feindselig. Er war immer noch betrunken.

»Glauben Sie ja nicht, dass Sie Cula vor uns finden«, rief er. »Werden Sie nicht, wollen wir wetten? Wir wissen nämlich, auf welcher Insel er sich rumtreibt. Und wir haben jemanden, der uns zu ihm führt.« Er lachte dreckig.

»Ach ja?«, rief Chris zurück. »Uns können Sie ja viel erzählen.«

»Wir schnappen uns die verdammte Bestie!«

»So betrunken, wie Sie sind?«

»Wir erwischen ihn!«

Ella hielt es nicht länger aus. »Was haben Sie mit Jennie gemacht?«, fuhr sie Howie an. »Sie war die halbe Nacht bei Ihnen. Was haben Sie ihr angetan?«

»Angetan?« Howie spielte den Unschuldigen. »Wir hatten Spaß miteinander, was ist denn dabei? Was geht Sie das überhaupt an? Jennie-Baby hatte genug von der halben Portion neben Ihnen und wollte mal einen richtigen Mann.«

»So einen wie Sie?«

»Ganz genau.«

»Haben Sie ihr was angetan?«

»Was denken Sie denn? Wir haben uns blendend verstanden mit ihr. Lee, Jimmy ... sie mochte uns alle. Wir haben zusammen gefeiert. Ist das neuerdings verboten? Fragen Sie Jennie-Baby doch selbst! Sie erzählt Ihnen das Gleiche.«

»Sie ist verschwunden. War Sie heute Morgen bei Ihnen?«

»Heute Morgen? Nee ... hier war niemand.«

»Falls Sie wiederkommt ... sagen Sie ihr, sie soll nach Hause fliegen.«

»Sind Sie ihre Mutter?«

»Seien Sie doch wenigstens einmal vernünftig!«

»Sie haben uns gar nichts zu sagen«, blaffte der Wolfsjäger zurück. »Wir tun das, was wir für richtig halten, und wenn ich mich recht erinnere, kann Jennie-Baby ebenfalls für sich selbst entscheiden. Es reicht schon, wenn Sie uns wegen der Wölfe nerven. Lassen Sie uns in Ruhe, sonst schleppen wir Ihr Boot das nächste Mal aufs Meer hinaus, und Sie können sehen, wie Sie zurückkommen.«

Ella sah ein, dass es keinen Zweck hatte, weiter auf Howie einzureden, und wandte sich ab. Travis hatte inzwischen seine Jacke geholt und stieg mit ihnen in den Pickup. Auf der Vorderbank hatten alle drei Platz. Er startete den Motor und fuhr zur Straße zurück. Ella glaubte, den Wolfsjäger lachen zu hören.

»Wird Zeit, dass diese Wolfsjäger von der Insel verschwinden«, sagte Travis. Er klang verärgert. »Ärgermacher wie die können wir hier nicht brauchen. Ich hoffe nur, dass sie Cula nicht erwischen, das wäre eine Katastrophe.

Cula steht für alles, was wir uns von der Zukunft erhoffen. Die Menschen haben das Gleichgewicht der Natur zerstört, das muss endlich aufhören. Es sind Männer unterwegs, die darauf achten, dass sie den Wölfen nicht mehr zu nahe kommen, aber dieser Howie ist gerissener, als wir alle angenommen haben.«

Ihr erstes Ziel war der Flughafen. Im einzigen Café dort saß der Betreiber allein hinter seinem Tresen, trank einen Espresso und ließ sich einen Apple Pie schmecken.

»Eine junge Frau mit blonden Locken?«, wiederholte er auf Ellas Frage. »Nein, hier war niemand. Nur meine alte Tante, die jeden Morgen hier putzt.«

Die Suche ging also weiter. Der Terminal von *B. C. Ferries* war geschlossen. Das große Fährschiff, das durch die Inside Passage an der Westküste entlang- und nach Port Hardy auf Vancouver Island weiterfuhr, legte erst am späten Nachmittag an. Auch an der Anlegestelle der Fähre nach Denny Island wurden sie nicht fündig. »Tut mir leid«, sagte ein Angestellter. »So eine Frau hätte ich bestimmt bemerkt.«

»Und jetzt?«, fragte Ella enttäuscht.

»Fahren wir erst mal zum Supermarkt, und Sie kaufen Ihre Geschenke fürs Potlatch. Einen Kaffee gibt's dort auch für Sie. Ich denke, Sie haben einen nötig. Ich sehe mich inzwischen in der Stadt um und hole Sie anschließend ab. Okay?«

»Kaffee … das war das Zauberwort«, sagte Ella.

# 15

Der Kaffee im Imbiss des Supermarkts schmeckte nicht besonders gut und der Muffin hatte schon etwas zu lange in der Auslage gelegen, aber beides weckte Ellas Lebensgeister und brachte sie wieder in die Spur. Einige Kunden hatten wohl gehört, weswegen sie und Chris nach Bella Bella gekommen waren, und musterten sie neugierig, manche auch skeptisch. Während der Proteste gegen die Holzfällerkonzerne hatten einige Reporter die Heiltsuk als »sterbende Rasse« verunglimpft, und manche begegneten Medienleuten seither eher kritisch und sehr reserviert.

»In der Stadt hat Jennie niemand gesehen«, berichtete Travis, als er von seiner Suche zurückkehrte. »Die Fähre mit den Urlaubern legt erst heute Abend an. Eine Weiße mit blonden Locken wäre bestimmt aufgefallen. Aber ich hab einige Freunde losgeschickt, die rufen mich sofort an, sobald sie Jennie finden.«

»Vielleicht hat sie ein Boot gechartert«, überlegte Chris laut, »ist mit einem der Fischer unterwegs, um sich den Wind um die Ohren wehen zu lassen und zu vergessen, was sie bei den Wolfsjägern erlebt hat. Selbst wenn sie mit allem einverstanden war, was auf dem Boot passiert ist, sah sie das jetzt sicher weniger rosig.« Er blickte Ella an. »Ich weiß, eigentlich geht mich das gar nichts an. Jennie ist alt genug und muss selbst wissen, was sie tut. Aber ich kann nicht anders. Ich hab nichts mehr für sie übrig, aber ich kann nicht zusehen, wie sie sich mit offenen Augen in ihr Unglück stürzt. Ich hätte gar nicht mit ihr …«

»Mach dir keine Vorwürfe«, erwiderte Ella, »dich trifft keine Schuld. Du konntest nicht ahnen, dass sie durchdreht und dir nach Kanada nachfliegt. Falls Travis' Freunde sie nicht finden, ziehen wir nach dem Potlatch noch mal los.«

»Keine Angst«, beruhigte Travis sie. »Wenn Jessie auf der Insel ist, finden wir sie. Ich bin sicher, sie hat sich irgendwo versteckt. Es gibt unzählige gute Verstecke in Bella Bella. Zur Not alarmieren wir die Polizei, die findet sie.«

»Hauptsache, sie geht nicht zu den Wolfsjägern zurück«, sagte Chris.

Ella trug die Schachtel mit den Geschenken, als sie zum Wagen gingen. Sie hatten einige besonders exquisite Köstlichkeiten und jede Menge Süßigkeiten gekauft, vor allem Schokoriegel und bunte Lutscher. Nichts Gesundes und nichts für empfindliche Kinderzähne, aber beim Potlatch machte man gern eine Ausnahme. Da gab es auch für die Erwachsenen nur ungesundes Fast Food.

Das »Big House«, wie die Heiltsuk ihr Gemeinschaftshaus nannten, lag südlich der Stadt auf einer Anhöhe, ein Giebelhaus aus rotem Zedernholz, dessen Außenwände mit Symbolen der Küstenvölker verziert waren. Vor dem Eingang ragte ein mächtiger Totempfahl empor. Die kunstvollen Schnitzereien erinnerten an die teilweise tragische Geschichte der Heiltsuk, die nach der Ankunft der weißen Siedler durch zahlreiche Epidemien geschwächt wurden.

Dumpfe Trommelschläge in einem ungewohnten Rhythmus und eintöniger Singsang empfingen sie im Innern des Hauses. Die Tribünen, die sich an den Längsseiten entlangzogen, und die Körbe ließen erkennen, dass auf dem freien Platz auch Basketball gespielt wurde. An der Stirnseite erhoben sich zwei Totempfähle, dazwischen leuchteten indianische Muster im Schein des Feuers, das in einem Ring aus Flusssteinen vor der Empore mit den Ehrengästen brannte.

Ella und Chris suchten sich einen Platz nahe dem Rednerpult. Die Schachtel mit den Geschenken stellte sie zwischen ihren Beinen auf den Boden. Travis erklärte ihnen, dass sie auch zu den Heiltsuk reden und warten müssten, bis sein Onkel sie nach vorn bat.

Ella blickte ihn erstaunt an. »Wir sollen eine Rede halten?«

»Keine Rede, nur ein paar Worte zur Begrüßung. Warum Sie hier sind, worum es in Ihrem Artikel geht. Einige Leute trauen Reportern nicht besonders.«

»Das hab ich gemerkt«, sagte Ella.

Die Trommelschläge wurden lauter, der Rhythmus heftiger. Der Gesang der Männer erhob sich teilweise schrill bis unter das Giebeldach und schien das Feuer zum Flackern zu bringen. Ein Schamane in einem bunten Umhang, dessen Rückseite einen stilisierten Wolfskopf zeigte, und mit einer schwarz-weißen Kopfbedeckung aus Zedernholz in der Form eines Raben lösts sich aus der Menge, die sich inzwischen um das Feuer versammelt hatte, und tanzte um das Feuer herum. Er rief etwas in seiner Sprache und warf Tabak in die Flammen.

»Er bittet die Geister, unser Volk zu beschützen«, erklärte Travis.

Nachdem er seinen Tanz beendet hatte, reckte er einen verzierten Stab aus Zedernholz in die Luft und sprach ein Gebet. Die Heiltsuk wichen ehrfürchtig zur Seite, als er die Tanzfläche verließ, und sangen weiter, bis die Trommeln verstummten, und Chief Humchitt mit einer weißhaarigen Frau die Empore betrat. Beide waren farbenfroh gekleidet und strahlten eine Würde aus, wie man sie nur bei älteren weisen Menschen sah. Um den Mund der Frau spielte ein Lächeln.

Chief Humchitt wandte sich an die Zuhörer: »Seit vielen Tausend Jahren leben die Heiltsuk nach dem ungeschriebenen Gesetz, das wir *Gvi'ilas* nennen, ein Wort, das für die Kräfte steht, die unser Volk durch schwere Zeiten geleitet haben und in eine bessere Zukunft führen werden. Wir glauben daran, dass alle lebendigen Dinge eine Seele haben, dass alles in der Natur unmittelbar miteinander verbunden ist. Wir zeigen unsere Ehrfurcht vor dem Leben, indem wir die Tiere und die Pflanzen ehren, die uns ernähren. Wir verneigen uns vor den Bären, Wölfen und Raben, die mit uns in dieser Natur leben und unseren Clans ihren Namen gegeben haben. Und wir wissen, dass wir unseren Lebensraum nur verteidigen können, wenn wir eine Einheit bilden, so wie wir es getan haben, als die Konzerne dabei waren, unsere heiligen Wälder zu vernichten.«

Er legte eine Pause ein, um seine nächsten Worte besser wirken zu lassen, und wandte sich der weißhaarigen Frau zu. »Mit unserem Potlatch wollen wir Pauline Willow ehren, eine der bedeutendsten Frauen, die unser Volk

171

jemals hervorgebracht hat. Hier in Bella Bella verbrachte sie ihre ersten zwölf Jahre, ging zur Grundschule und lebte die nächsten fünfzehn Jahre in einem Internat fernab der Heimat. Als sie zurückkam, erkannte sie, dass wir Heiltsuk unsere Kultur verloren hatten. Sechsundsechzig Jahre lang waren Potlatch verboten, weil die Weißen behaupteten, es wäre verschwenderisch, nutzlos und entspräche nicht den Vorgaben ihrer Religion. Pauline half dabei, die Regierung umzustimmen. Sie stimmte für eine Highschool, die jungen Heiltsuk half, die Schule in ihrer Heimat abzuschließen, und sie belebte unsere Kultur und unsere Sprache wieder.« Er hob die Stimme. »Pauline Willow!«

Pauline war eine stämmige Frau, der man ansah, dass sie sich nur wenig gefallen ließ. Sie bedankte sich bei Chief Humchitt für die lobenden Worte und betonte, jedes ihrer Verdienste sei nur möglich gewesen, indem sie mit einem erstklassigen Team zusammengearbeitet habe. Sie erwähnte, wie wichtig es sei, die Traditionen der Heiltsuk am Leben zu erhalten und die Sprache zu erlernen. »Ohne unsere Sprache verlieren wir unsere Identität als eigenständiges Volk. Lasst uns weiter daran arbeiten, die Heiltsuk in eine sorgenfreie Zukunft zu führen. Das sind wir unseren Kindern schuldig. *Giaxsixa*, vielen Dank!«

Nach der Ehrung gaben einige Frauen das Mittagessen aus. Erfahrene Jäger hatten drei Elche erlegt, die an diesem Tag die ganze Stadt ernährten. An den langen Tischen holte man sich Fleisch, Kartoffeln und Gemüse und Biskuits. Zu trinken gab es Eistee. Chris schoss einige Fotos, hielt sich aber merklich zurück und wollte warten, bis

172

sie zu den Heiltsuk gesprochen und ihnen erklärt hatten, wofür die Bilder bestimmt waren. Ella unterhielt sich mit einigen Teilnehmern, erfuhr von ihnen, welche bedeutende Stellung die Küstenwölfe in ihrer Kultur und ihrem Leben einnahmen und dass sie weiße Jäger, die diese heiligen Tiere aus reiner Mordlust und Geltungssucht töteten, verachteten. Schlimm war vor allem, dass die Jäger dabei nicht gegen das Gesetz verstießen.

Als Chief Humchitt Chris und Ella auf die Empore rief, und sie mit den Geschenken zu ihm gingen, bekämpfte Ella nur mühsam ihre Nervosität. Dennoch trat sie ans Mikrofon und sagte:»Chris und ich freuen uns sehr, bei Ihnen sein zu dürfen, und bedanken uns für Ihre Gastfreundschaft. Ich weiß, dass manche Reporter und Fotografen hier nicht gern gesehen sind. Ich verstehe das. Einige dieser Reporter waren auf der Seite der Regierung, die Holzfirmen erlaubten, die wertvollen Zedern zu fällen, und den Wolfsjägern bis heute gestatten, die heiligen Küstenwölfe abzuschießen. Wir arbeiten für ein Reisemagazin, dessen Mitarbeiter sich für den Schutz der Natur und ein friedliches Miteinander der Völker einsetzen, und werden darüber berichten. Vor allem aber wollen wir zeigen, wie einzigartig diese Küstenwölfe sind, und wie respektvoll die Heiltsuk mit der Natur umgehen. Wenn Sie etwas dagegen haben, dass Chris Sie fotografiert, sagen Sie uns einfach Bescheid.« Sie lächelte Chris zu und bat ihn, die Schachtel mit den Geschenken vom Boden aufzuheben. »Wir haben gelernt, dass sich die Heiltsuk bei einem Potlatch gegenseitig beschenken. Auch wir haben Geschenke mitgebracht: Einige Delikatessen und Tabak für den Chief und Süßigkeiten für alle Kinder. Wir bedanken uns noch einmal für Ihre Gastfreundschaft und wünschen ihnen viel Spaß!«

Die Kinder stürzten sich begeistert auf die Süßigkeiten. Auch die Heiltsuk hatten Süßigkeiten mitgebracht, sodass niemand leer ausging. Chief Humchitt bedankte sich bei ihnen für die Köstlichkeiten und bei Travis dafür, dass er Ella und Chris half und ihnen auch die Kultur der Heiltsuk näherbrachte. »Nur wenige Weiße interessieren sich dafür, wie wir leben und welche Probleme wir haben«, sagte Humchitt. »Die Urlauber, die mit der Fähre kommen, wollen entweder fischen oder jagen und haben keine Ehrfurcht vor heiligen Tieren wie den Küstenwölfen oder den Spirit Bears. Ich bin sicher, Sie belehren diese Menschen eines Besseren. Ich sehe in Ihren Augen, wie ehrlich Ihre Absichten sind. *Giaxsix!*«

Als Ella sich neben Pauline setzte, um ihr einige Fragen zu stellen, fiel ihr ein ungefähr zwanzigjähriger Heiltsuk auf, der sich gerade eine zweite Portion Elchbraten geholt hatte und mit seinem Teller auf die Tribüne zusteuerte. Sein Blick war ständig auf sie gerichtet. Vielleicht aus Neugier oder weil er sie attraktiv fand, aber etwas in seinen Augen sagte, dass da etwas anderes war. Er hütete ein Geheimnis oder führte irgendetwas im Schilde, das mit ihr zu tun hatte. Sie fand jedoch keine Zeit, länger über ihn nachzudenken, da Pauline Willow sie ansprach, die in ihrem bunten Gewand und mit ihren langen weißen Haaren wie eine Königin aussah.

Ella verstand es, ein Interview zu führen, hatte bei einer Tageszeitung volontiert und eine gewisse Routine erlangt.

Im besten Falle merkte ihr Gegenüber nicht, dass sie oder er interviewt wurde. Ihr Interview musste zu einer Unterhaltung zwischen zwei Menschen werden, die sich füreinander interessierten. So klappte es auch bei Pauline. Sie erzählte so lebhaft, dass Ella einen tiefen Einblick in ihr Leben und ihre Verdienste um die Kultur der Heiltsuk, den Bau einer Highschool in Bella Bella und die Wiederbelebung der Sprache ihres Volkes bekam. Am eindringlichsten waren ihre Worte über die fünfzehn Jahre, die sie in einem Internat auf dem Festland zugebracht hatte. »Sie haben von den Gebeinen der vielen Kinder gehört, die auf den ehemaligen Grundstücken der Internate gefunden wurden? Von den Übergriffen der Priester und Nonnen? Es waren nicht nur diese abscheulichen Vergehen, die einige dieser Kinder in den Selbstmord getrieben haben. Es waren Verzweiflung und Heimweh. Den Heiltsuk, die in einem Internat lebten, wurde ihre Würde genommen. Es wurde ihnen verboten, ihre eigene Sprache zu sprechen und nach den Traditionen unseres Volkes zu leben. Sie bekamen die Namen von Weißen, mussten sich wie Weiße kleiden und wurden hart bestraft, wenn sie nicht gehorchten.«

Eine halbe Stunde sprach sie mit Pauline und verließ sie in dem Bewusstsein, viel gelernt zu haben. Jetzt verstand sie auch, warum die Heiltsuk ihre älteren Menschen besonders verehrten und bei allen wichtigen Entscheidungen um Rat fragten. Besonders Pauline strahlte eine Weisheit aus, die man nur in einem langen ereignisreichen Leben erlangen konnte. Ihre Stimme klang noch immer fest und selbstbewusst, und ihre Augen und die

Falten in ihrem Gesicht spiegelten ihre vielseitigen Erfahrungen wider. »Es war eine große Freude, mit Ihnen sprechen zu dürfen«, bedankte sich Ella und wartete geduldig, bis Chris ihre Gesprächspartnerin fotografiert hatte. Er hatte die Gabe, die Menschen, die er fotografieren wollte, nicht zu überfallen, anders als viele Urlauber, die wild drauflosknipsten, wenn sie einen Heiltsuk in traditioneller Tracht sahen. Er bedankte sich und war sichtlich zufrieden mit seiner fotografischen Ausbeute.

Während die Heiltsuk noch in einer feierlichen Zeremonie ihre Geschenke austauschten, ließ sich Travis bei ihnen blicken. »Jennie!«, berichtete er aufgeregt. »Ich habe gerade einen Anruf bekommen. Einer meiner Freunde hat sie bei *Martin's Marina* gesehen. Ein Bootshafen im Norden. Kommen Sie!«

Auf dem Parkplatz wurde Ella erneut auf den Heiltsuk aufmerksam, der sie im Big House angestarrt hatte. Er lehnte an der Hauswand und hielt eine Thermosflasche in der Hand. Über seinen Jeans trug er ein schwarzes Sweatshirt.

»Kennen Sie den?«, flüsterte sie. »Den Mann mit der Thermosflasche?«

Travis folgte ihrem Blick. »Das ist Black. Rennt ständig im selben schwarzen Sweatshirt rum. In seiner Thermosflasche soll Wodka sein. Er hat einen Sommer lang für die Holzfäller gearbeitet, seitdem ist er ständig betrunken.«

»Er hat mich seltsam angestarrt.«

»Das heißt nichts. Wahrscheinlich ist er wieder betrunken.«

Sie kletterten in den Pick-up und fuhren nach Norden.

Die Sonne hatte eine Lücke in der grauen Wolkendecke gefunden und leuchtete hindurch, allerdings nur für ein paar Minuten, dann nieselte es wieder. Travis' Scheibenwischer hatten schon bessere Zeiten gesehen und quietschten unangenehm.

*Martin's Marina* war ein kleiner Jachthafen, in dem vor allem Angler und Urlauber ihre Boote liegen hatten. Im Nieselregen sah er wenig einladend aus. Travis' Freund wartete unter einem Vorbaudach und winkte sie herbei. »Eine Weiße mit blonden Locken, nicht wahr? Sie hatte sich in einem der Bootshäuser versteckt und lief davon, als ich reinkam. Sie war völlig fertig. Ich hab versucht, sie aufzuhalten, aber sie rannte so schnell davon, dass ich sie nicht zu fassen bekam. Sie ist nach Nordwesten geflohen, in den Wald dort drüben.«

Sie sprangen in den Pick-up und folgten einer Schotterstraße, die von der asphaltierten Straße zum Flughafen abzweigte und in den Wald führte. Fichten, einige Zedern und Laubbäume erhoben sich aus dem feuchten Boden. Ella hatte keine Ahnung, wohin sie fuhren, aber Travis schien sich auszukennen und genau zu wissen, wohin er unterwegs war. Nach ungefähr zwei Meilen erreichten sie das Ufer eines kleinen Sees, der mit seinem dunklen Wasser geheimnisvoll zwischen den Bäumen lag. Dort endete auch die schmale Schotterstraße.

»Wenn sie von *Martin's Marina* nach Nordwesten gelaufen ist, muss sie hier in der Nähe sein«, sagte Travis, als sie ausstiegen und ihre Kapuzen hochklappten. Es gibt einen Trail am Seeufer, den hat sie bestimmt genommen.«

Ella und Chris folgten dem Heiltsuk, der seinen Rucksack mit dem Erste-Hilfe-Kasten auf den Rücken geschnallt hatte. »Für alle Fälle«, wie er sagte. Sie folgten dem Pfad, der zum Seeufer führte, und wandten sich nach Süden, spürten den Nieselregen, der vom Meer herüberwehte, im Gesicht. Travis war ein guter Läufer und lief so schnell, dass Ella kaum nachkam. Sie war froh, als sie den breiteren Trail erreichten, von dem Travis gesprochen hatte, und durch ihre Ferngläser blickten, um nach Jennie zu suchen. Außer einem Elch am Ufer, der Laub von den Bäumen zupfte, und einem Eichhörnchen war niemand zu sehen.

»Jennie!«, rief Ella. »Jennie! Wo sind Sie?«

Sie erhielt keine Antwort, und ihnen blieb nichts anderes übrig, als dem Trail weiter zu folgen und nach ihr zu suchen. Jennie hatte eine längere Strecke geschafft, als Travis gedacht hatte. Sie fanden sie eine Viertelmeile nördlich des Sees zwischen den Bäumen, wo sie sich weinend ihren Fuß hielt. Sie trug das eingerissene T-Shirt, das sie schon bei den Wolfsjägern angehabt hatte, und ihre blonden Locken waren von Wind und Regen zerzaust und klebten an ihrem Kopf.

»Lasst mich in Ruhe!«, rief sie aufgebracht. »Verschwindet!«

Chris ließ sich nicht beeindrucken. »Was ist mit deinem Fuß?«

»Ich bin über die verdammte Wurzel gestolpert und hab ihn mir verstaucht. Was denn sonst? Und jetzt haut endlich ab! Ich brauch keine Hilfe, okay?«

Travis sah, dass ihr Fuß blutete. »Sie bluten! Ich leg Ih-

178

nen einen Verband an, okay? Und dann bringen wir Sie zum Krankenhaus und lassen Sie durchchecken. Hier können Sie nicht liegen bleiben, Miss! Oder wollen Sie sterben?«

»Nach mir würde sowieso kein Hahn krähen«, erwiderte sie traurig.

»Seien Sie doch vernünftig, Miss!«

Jennie begann plötzlich lauthals zu schluchzen. »Ihr habt ja keine Ahnung, wie diese Dreckskerle mich behandelt haben!«, rief sie verzweifelt. Sie blickte Chris an, als wäre es allein seine Schuld. »Kaum waren wir vom Hafen weg ...« Sie schniefte laut. »Kaum waren wir weg, wollten sie mir an die Wäsche! Gegen ... gegen einen Kuss hatte ich nichts. Wir hatten ordentlich was getrunken, und ich ... ich wollte dir eins auswischen. Aber dann ... dann wollten sie mehr ...« Sie griff sich ans T-Shirt. »Sie wollten ... wollten ... verdammt, sie wollten ...«

»Haben sie dir was angetan?«, fragte Chris.

»Nein. Ich hab wie eine Wilde um mich geschlagen, und dann griff Jimmy nach seinem Gewehr und zwang Howie, mich zum Hafen zurückzubringen!«

»Diese Dreckskerle! Warum hast du denn gestern nichts gesagt?«

»Ich war völlig betrunken, verdammt! Und heute Morgen wollte ich nur noch weg! So schnell wie möglich weg von all diesen Idioten!«

»Beruhige dich, Jennie! Sobald Travis dich verbunden hat, bringen wir dich ins Krankenhaus und morgen früh zum Flughafen.« Der Heiltsuk war bereits dabei, die Wunde zu säubern und einen festen Verband anzulegen.

»Die Wunde sieht nicht besonders schlimm aus, ist aber besser, wenn ein Arzt draufsieht.«

»Warum liebst du mich nicht, Chris? Warum nicht?«

»Ich wäre sowieso der Falsche für dich, Jennie«, antwortete er. »Du gehörst nach Malibu, zu den coolen Surfer Boys! Und jetzt komm, wir stützen dich!«

# 16

Der Arzt im *R. W. Large Memorial Hospital* bestand darauf,
Jennie über Nacht zur Beobachtung dazubehalten. Er
wollte den verletzten Fuß röntgen lassen und noch einige
Untersuchungen durchführen, um sicherzugehen, dass die
Verletzung nicht schwerer war, als es den Anschein hatte.
Jessie war viel zu erschöpft, um sich dagegen aufzulehnen,
und schlief sofort ein, nachdem ihr der Arzt ein Schmerz-
mittel verabreicht hatte. Mit geschlossenen Augen sah
sie lange nicht so aufsässig und streitlustig aus wie sonst.
»Wir holen sie morgen früh ab«, sagte Chris zu dem Arzt,
nicht ohne sich vorher mit Ella abgestimmt zu haben.

»Danke für deine Hilfe«, sagte Chris, als sie das Krankenhaus verließen und zum Wagen gingen. »Du nimmst
mir hoffentlich ab, dass ich das alles nicht getan habe, weil
Jennie mir noch was bedeutet. Ich hätte das für jeden
getan.«

»Das weiß ich doch«, erwiderte sie. »Wenn wir sie nicht
gefunden hätten, wäre sie in ernsthaften Schwierigkeiten
gewesen. Wenn ich sie wäre, würde ich mir Hilfe suchen.
Auch wenn die Wolfsjäger nicht zum Äußersten gegangen sind, hat sie doch einen gehörigen Schrecken bekommen. Allein mit drei Betrunkenen, die einem an die Wäsche wollen, geht einem sicher an die Nieren. So psychisch
angeschlagen, wie sie ist, schleppt sie die Bilder noch monatelang mit sich herum.«

Chris war zuversichtlicher. »Sobald sie wieder in Malibu ist, geht's ihr wieder besser. Und über mich kommt sie sowieso hinweg. Ich bin nicht der legendäre weiße Ritter auf einem weißen Pferd, dem man monatelang nachweint.«

»Bist du sicher?«

Auf der Fahrt zu ihrer Pension hielt Travis vor dem Supermarkt und ließ sich zu einem Becher Kaffee und einem Blaubeermuffin einladen, während Ella und Chris ihren Proviant für die nächsten beiden Tage einkauften. Sie hatten vor, zwei Tage auf Yeo Island zu verbringen, das dortige Rudel zu beobachten und noch mal nach Cula zu suchen, bevor sie nach Los Angeles zurückflogen. Falls sie Cula nicht erwischten, würden sie vielleicht noch einige Tage länger bleiben, zumindest wenn es nach Chris ging und Melanie sich einverstanden erklärte.

Doch der nächste Morgen wartete mit einigen Überraschungen auf sie. Travis erschien nicht. Er hatte ihnen versprochen, sie um neun Uhr abzuholen und Jennie mit ihnen zum Flughafen zu bringen, doch gegen halb zehn war er immer noch nicht da und sie wurden langsam unruhig. Er hatte doch ihre Handynummern? Warum meldete er sich nicht, wenn er aufgehalten wurde? Sie wollten schließlich nicht länger warten und gingen mit ihren Rucksäcken und der Fototasche zum Hafen.

Travis war auf seinem Boot und bastelte am Motor herum. Als er Ella und Chris kommen sah, packte ihn das schlechte Gewissen. »Oh Mann!«, begrüßte er sie peinlich berührt. »Ich hab ganz vergessen, Sie anzurufen. An meinem Motor hat jemand herumgeschraubt und ich brauche sicher zwei Stunden, um ihn wieder auf Trab zu bringen.

Ich rufe an, sobald ich wieder startklar bin, einverstanden?«

»Jemand war auf deinem Boot?«, fragte Chris schockiert.

»Sieht ganz so aus und ich weiß auch, wer es war. Als die Wolfsjäger vorhin wegfuhren, haben sie schadenfroh gegrinst und gefragt, ob eine halbe Portion wie ich überhaupt fähig wäre, einen Motor zu reparieren. Sie waren es, da bin ich fast sicher. Sie wollten uns eins auswischen, besonders dieser Howie.«

»Hast du die Polizei benachrichtigt?«

»Und was für Beweise hätte ich?«

»Stimmt auch wieder.«

»Und das sind nicht die einzigen schlechten Neuigkeiten, die ich habe. Die Wolfsjäger haben sich jemanden geholt, der sich mit Wölfen auskennt und vielleicht sogar weiß, wo sich Cula aufhält. Er war mit an Bord, als sie rausfuhren.«

»Der Heiltsuk in dem schwarzen Sweatshirt?«, fragte Ella.

»Black«, bestätigte er. »Mag sein, dass er ständig betrunken ist, aber er kennt sich mit Wölfen aus und ist zu allem bereit, wenn man ihn gut genug bezahlt.«

»Hast du keine guten Nachrichten?«

Travis blickte auf, den Schraubenschlüssel in einer Hand. »Ihr könnt meinen Wagen haben. Ohne Aufpreis, wenn ihr in vollgetankt zurückbringt.«

»Fair genug.« Sie verkniff sich ein Lächeln.

Wenig später waren sie unterwegs. Chris kannte sich mit Pick-ups aus und saß am Steuer, Ella genügte der Beifahrersitz. Ihre Rucksäcke und die Fototasche hatten sie auf die Rückbank gelegt und genügend Platz für Jennie gelassen.

Vor dem Krankenhaus, einem flachen Bau mit blauem Anstrich, stiegen sie aus. Schon im Flur kam ihnen der Arzt entgegen und sagte: »Alles okay mit Ihrer Freundin. Das Röntgenbild hat keine Auffälligkeiten gezeigt und die Wunde ist nicht tief. Ich hab ihr einige Schmerztabletten verschrieben.«

Jennie wartete angezogen in ihrem Zimmer und war bester Laune. Ihre Haare waren frisch gewaschen und sie hatte sogar Make-up aufgetragen. »Hey«, grüßte sie, »ich dachte schon, ihr kommt gar nicht mehr. Danke für alles! Ohne euch läge ich wahrscheinlich jetzt noch im Wald. Ziemlich dumm von mir, was? Aber nach dem Abend mit diesen Männern wollte ich nur noch weg.«

»Der Arzt sagt, es ist alles okay?«

»Bis auf die Krücken. Aber das wird bald wieder.«

»Freust du dich deshalb so?«, fragte Chris.

Ihr Strahlen verstärkte sich. »Benjy hat angerufen! Erinnerst du dich an Benjy? Den blonden Surfer aus Santa Monica, der wochenlang hinter mir her war?«

»Der in den roten Badeshorts? Wie in ›Baywatch‹?«

»Genau der. Ein süßer Kerl, nicht wahr?«

»Nun ja«, erwiderte Chris verlegen.

Ella glaubte, sich verhört zu haben. Schwärmte Jennie ihrem Ex gerade von einem möglichen neuen Lover vor? Dieselbe Jennie, die gestern noch geglaubt hatte, ohne Chris nicht leben zu können, mit Wolfsjägern auf Sauftour gegangen und vor lauter Schmerz und Verzweiflung in den Wald geflohen war?

»Stell dir vor, er hat mich um ein Date gebeten und will mich sogar am Flughafen in L. A. abholen. Ist das nicht irre? Benjy, den alle so bewundern!«

»Das freut mich für dich, Jennie. Ehrlich!«

»Er hatte noch meine Handynummer. Und ich dachte, er hätte mich schon längst vergessen. Er war seit einigen Wochen nicht mehr am Malibu Beach.«

»Ich hoffe, ihr wollt nicht zum Tanzen.«

»Unsinn! Er weiß doch, dass ich noch auf Krücken gehe und will fein mit mir essen gehen. In einem der Nobelrestaurants in Santa Monica. Wir wollen auf seinen dritten Platz bei den Surf-Meisterschaften trinken. Champagner!«

»Okay, Jennie. Dann lass uns gehen, sonst verpasst du noch den Flieger.«

Während der Fahrt zum Flughafen sprachen sie wenig. Im Rückspiegel sah Ella, wie verwandelt Jennie nach der Nacht im Krankenhaus war. Die Erleichterung, den Wolfsjägern entkommen zu sein und der Anruf des Surfers hatten ihren Schmerz und Frust nahezu weggeblasen. Anscheinend gehörte sie zu den Menschen, deren Stimmung oft stark und abrupt wechselte, über Nacht von zu Tode betrübt bis himmelhoch jauchzend, wie man so schön sagte. Ella wagte gar nicht daran zu denken, was sie mit Benji erleben würde. Die Vorstellung, er könnte sie verletzen und so in neues Loch stürzen, machte ihr Sorgen.

Im Flughafengebäude von Bella Bella, einem schlichten Holzhaus mit mehreren Anbauten, checkte Jennie ein. Ella und Chris warteten noch mit ihr und verabschiedeten sich dann von ihr. Sie waren beide erleichtert, sie unbeschadet und guter Laune in die Maschine steigen zu sehen. Dass sie gezwungen waren, sich so ausgiebig mit ihr zu beschäftigen, hätte Melanie bestimmt nicht gefallen. Sie hatten ja eigentlich schon genug damit zu tun, für ihren Artikel zu recherchieren und zu fotografieren und durften sich nicht von persönlichen Dingen ablenken lassen. Auch dass sie sich ineinander verliebt hatten, würden sie ihr lieber nicht verraten, zumindest nicht gleich nach ihrer Rückkehr.

Die meisten Passagiere, die gelandet waren, wohnten in Bella Bella und gingen zu ihren Wagen auf dem Parkplatz. Eine junge Frau mit einem Backpack auf dem Rücken blieb vor dem Flughafengebäude stehen und blickte unschlüssig umher. Sie war um die zwanzig und hatte leuchtend rote Strähnen in ihren extrem kurzen Haaren. Von ihren Ohren baumelten silberne Ohrringe und unter ihrem Hals war der obere Teil eines Tattoos zu sehen, wahrscheinlich ein Adler. Sie trug Jeans und einen olivgrünen Anorak. Als sie Ella und Chris vor ihrem Pick-up stehen sah, kam sie herüber und grüßte: »Hey, Leute! Fahrt Ihr in die Stadt? Wär toll, wenn Ihr mich mitnehmen würdet.«

Chris hielt ihr die Tür auf. »Steig ein!«

»Tanya«, stellte sie sich vor, als sie im Wagen saßen. »Kennt ihr *Martin's Marina*? Zwei Freunde, mit denen ich verabredet bin, warten dort auf mich.«

»Kein Problem.« Chris stellte sie beide vor. »Auf Urlaub hier?«

»Verwandte besuchen ... auf einer der Nachbarinseln. Und ihr?«

»Wir arbeiten für *Blue Horizons*, das Reisemagazin. Ella schreibt, ich fotografiere. Unsere Chefredakteurin hatte die Idee zu einem Artikel über die Küstenwölfe im Great Bear Rainforest. Und das Drumherum natürlich. Die Heiltsuk und ihre Kultur, der weiße Spirit Bear … hier gibt es einiges zu sehen, wenn man sich Zeit für die Natur nimmt. Über die großen Nationalparks wird ständig berichtet. Über die Küstenwölfe nur selten.«

Tanya wurde hellhörig. »Dann berichtet ihr auch über die Probleme, die es hier gibt? Die Zerstörung des Regenwaldes, die Abholzung der wertvollen Zedern? Alle denken, der Great Bear Rainforest wäre seit einigen Jahren geschützt, aber das stimmt nicht. Jeder darf Wölfe abschießen und in einigen Gebieten werden immer noch jahrhundertealte Bäume gefällt. Der absolute Horror!«

»Bist du Naturschützerin?«

»Ich studiere Biologie und Naturschutz«, erwiderte Tanya, »und ich war schon ein paarmal hier und kenne die Probleme im Great Bear Rainforest. Die Holzkonzerne sind besonders dreist, lassen sich durch nichts abschrecken und finden ständig neue Schlupflöcher in den Gesetzen. Ich komme aus Montana, da tut man kaum was für den Naturschutz, aber hier ist es besonders schlimm.«

»Und die Verwandten, zu denen du fährst?«

»Kümmern sich nicht darum. Noch nicht.«

»Du willst sie umstimmen?«

Tanya lachte. »Das hab ich schon ein paarmal versucht, aber meinen Onkel interessieren diese Probleme nicht. Er ist ein konservativer Knochen und für so was nicht zu haben. Warum studierst du nichts Anständiges, sagt er oder noch besser: Warum suchst du dir nicht einfach einen Mann und bekommst Kinder?«

Sie hatten *Martin's Marina* erreicht und hielten am Straßenrand. »Danke fürs Mitnehmen«, sagte Tanya. Sie stieg aus und zog ihr Backpack von der Rückbank. »Viel Glück mit eurem Artikel. Ich werde mir das Heft kaufen.«

»Versuchen Sie's noch mal mit Ihrem Onkel!«, rief Ella ihr nach.

Sie beobachteten Tanya, wie sie zu einem der Boote hinunterging und von zwei jungen Männern begrüßt wurde, beide in ihrem Alter, der eine groß und kräftig, der andere schlank, drahtig und mit langen Haaren, die er zu einem Pferdeschwanz gebunden hatte. Beide umarmten Tanya, bevor sie mit ihr an Bord gingen und ihr modernes Motorboot langsam aus der Marina steuerten.

»Die klang wie eine Aktivistin. Als hätte sie hier was Bestimmtes vor.«

»Anscheinend will sie ihrem Onkel ordentlich die Leviten lesen«, sagte Ella. »Sie sah ziemlich entschlossen aus. Möchte wissen, was der Onkel treibt.«

»Pensionär?«

»Oder er ist im Holzgeschäft.«

»Dann hätte er bestimmt nichts zu lachen.«

Sie wendeten und fuhren in die Stadt zurück. Im Snack Shop gönnten sie sich einen Cheeseburger und Pommes frites und bestellten eine weitere Portion, die sie sich für Travis einpacken ließen. Sie saßen schon wieder in ihrem Wagen, als Ellas Handy klingelte. »Ich wär so weit«, meldete sich Travis erleichtert.

188

Sie fuhren zum Hafen und fanden ihn auf seinem Boot. Beim Anblick des Cheeseburgers, den sie ihm mitbrachten, zeigte er ein breites Grinsen. »Genau das Richtige nach dem Ärger«, sagte er. »Die Mistkerle haben sich große Mühe gegeben, aber ich hab zum Glück alles reparieren können.« Er biss in seinen Cheeseburger. »Hey, der ist vom Snack Shop. Die haben die besten.«

Mit einer Hand lenkte Travis das Boot aus dem Hafen. »Ich bringe Sie am besten nach Yeo Island. Dort soll sich Cula zuletzt aufgehalten haben. Ich kenne da eine Lichtung, auf der habe ich schon öfter Küstenwölfe gesehen. Wenn Cula dort nicht auftaucht, haben Sie immer noch das Schlauchboot.«

Das Wetter hatte an diesem Nachmittag nur wenig Einsehen mit ihnen. Der Himmel war wolkenverhangen, über den Wäldern im Nordosten schien es zu regnen, und kühler Wind zauberte Schaumkronen auf das Wasser. Sie hatten die Reißverschlüsse ihrer Anoraks bis zum Anschlag hochgezogen und die Kapuzen hochgeklappt, um besser gegen den Wind und die Gischt geschützt zu sein, und hielten sich an der Reling fest, um nicht das Gleichgewicht zu verlieren. Sie konnten von Glück sagen, dass der Kanal auf beiden Seiten durch dichten Wald geschützt war, auf dem offenen Meer ging es bestimmt rauer zu.

»Melanie hat bestimmt schon Sehnsucht nach uns«, sagte Ella.

»Ich hab ihr einige Fotos gemailt und geschrieben, dass wir einer tollen Sache auf der Spur wären und etwas länger bräuchten. Sie hat noch nicht geantwortet, aber ich weiß sowieso, was sie sagen wird. Beeilt euch, Leute, jeder Tag kostet uns Geld, wehe es lohnt nicht. Zum Glück haben wir hier draußen keinen Empfang.«

»Mit ›toller Sache‹ meinst du Cula?«

»Die Titelseite, wenn's nach mir ginge.«

»Wenn wir Cula finden.«

»Wir finden ihn, ganz bestimmt!« Er klang entschlossen.

Sie fuhren in den Spiller Channel und an der Westküste von Yeo Island entlang. Die Insel war nach Dr. Gerald Yeo benannt worden, dem Chirurgen auf einem Flaggschiff der britischen Marine, hatte Ella per Google herausgefunden.

Dichter Fichtenwald zog sich bis zum Horizont nach Osten, an der Küste ragten felsige Strände ins Wasser. Einige Raben flatterten aufgeregt davon, als Travis den Motor aufdrehte. Ein einsamer Schwarzbär ließ sich nicht stören und wühlte im Unterholz herum. Ein Weißkopfseeadler zog in einiger Entfernung seine Kreise und stieß einen Schrei aus. Der Sommer meinte es gut mit den meisten Tieren.

Die Lichtung, von der Travis gesprochen hatte, lag nahe einer Flussmündung und bestand aus Geröll, Sand und Felsen. Zwei entwurzelte Bäume grenzten sie vom Waldrand ab. »In zwei Tagen hole ich euch ab«, versprach Travis, nachdem sie ihre Rucksäcke, das Zelt und das Schlauchboot an Land geschafft hatten. Er drückte Chris eine Dose mit Bärenspray in die Hand. »Für alle Fälle, da hier eher Bären anzutreffen sind als bei eurem letzten Lagerplatz. Lasst keine Vorräte außerhalb eurer Proviantboxen liegen, das würde sie nur anlocken. Aber normalerweise habt ihr auch an dieser Küste nichts zu befürchten.«

Chris bedankte sich. »Du denkst an alles, das muss man dir lassen.«

Sie warteten, bis Travis mit seinem Boot um die nächste Biegung verschwunden war, dann bauten sie ihr Zelt auf und sammelten Holz für ihre Feuerstelle. Chris überprüfte seine Fotoausrüstung und probierte einige Belichtungen aus, die den wabernden Nebel über dem Wasser und zwischen den Bäumen am besten einfingen. »Das kriege ich hin«, zeigte er sich zuversichtlich, »aber wenn es dunkler wird, könnte es schwierig werden.« Er steckte den Apparat griffbereit in seine Fototasche. »Ich hoffe nur, es stimmt, was William Housty gesagt hat, und Cula ist uns wohlgesonnen und will tatsächlich fotografiert werden.« Sein zögerliches Lächeln zeigte, dass er an der Aussage des Watchman zweifelte.

Ella erwiderte sein Lächeln. »Cula hat es ihm selbst gesagt.«

Sie küssten sich gerade, als ein lang gezogenes Heulen vom anderen Ufer erklang, und eine Wölfin zwischen den Bäumen hervortrat. Ella glaubte an der eleganten Art, wie sie sich bewegte, zu erkennen, dass es sich um eine Wölfin handelte, obwohl sie in dem nebligen Dunst nur schemenhaft zu erkennen war.

Chris griff nach seiner Kamera. »Cula?«

»Eine Wölfin. Eher grau«, musste Ella ihn enttäuschen.

Dennoch fotografierte er sie, wie sie zögernd den Schutz des Waldes verließ und über die Felsplatten am Ufer ins Wasser stieg. Nur ihr schlanker Kopf war zu sehen, als sie den Kanal durchquerte, mit ihren Bewegungen kaum das Wasser aufwühlte und auf sie zuhielt. Sie ließ nicht erkennen, ob sie die Zweibeiner gewittert hatte, aber der Wind stand günstig für sie, und es sprach alles dafür.

Ella und Chris standen so, dass sie der Wölfin nicht im Weg waren, hielten aber dennoch den Atem an, als sie das Ufer erreichte und nur ungefähr zehn Schritte von ihnen entfernt auf die Felsen stieg. Sie blieb stehen und blickte in ihre Richtung. Ihre bernsteinfarbenen Augen waren wachsam, ihre Haltung signalisierte äußerste Vorsicht. Eine ganze Weile verging, bis sich ihr Körper entspannte, sie über die umgestürzten Bäume stieg und im Wald verschwand.

»Eine einsame Wölfin«, sagte Ella, »ohne Rudel. Vielleicht die Partnerin, nach der Cula sucht. Wenn sie auf Yeo Island lebt, muss er hier sein.«

»Die Insel ist groß«, erwiderte Chris.

»Dann sollten wir ihren Spuren folgen. Sie wird uns vielleicht zu Cula führen.«

# 17

Ella und Chris waren keine Spurenleser. Schon nach wenigen Schritten verloren sie die Fährte der Wölfin im Unterholz und suchten minutenlang vergeblich nach ihr. Selbst für einen Heiltsuk oder einen erfahrenen Fallensteller wäre es schwer gewesen, sie zu finden. Die Bäume standen dicht beieinander, aus dem feuchten Boden ragten Farne und Beerensträucher. Moosbedeckte Felsbrocken und entwurzelte Stämme schufen ein beinahe undurchdringliches Labyrinth.

Dennoch suchten sie weiter. Es dämmerte bereits, als sie auf einen kaum sichtbaren Pfad stießen, aber auch dort gab es wenig Spuren zu sehen. Der Regen der letzten Tage hatte den Waldboden in einen schlüpfrigen Morast verwandelt. Sie folgten ihm eine Weile und gaben schon nach wenigen Schritten auf, um nicht von der Dunkelheit eingeholt zu werden. Auf dem Rückweg blieben sie auf dem morastigen Pfad, der ungefähr eine Viertelmeile nördlich von ihrem Zeltplatz am felsigen Ufer endete und sie zwang, über den schmalen Küstenstreifen nach Süden zu laufen. Erschöpft erreichten sie ihren Zeltplatz.

»Ist wohl besser, wir warten bis morgen früh und suchen nach einem anderen Pfad«, sagte Chris. »So hat es keinen Zweck. Lass uns ein Feuer anzünden und zu Abend essen. Ich bin gespannt auf dein berühmtes Lachs-Sandwich.«

Das Feuer vertrieb die Insekten und schuf eine angenehme Wärme. Ella hoffte, dass es auch die Bären auf Abstand hielt. Sie glaubte nicht, dass man mit dem Bärenspray gegen einen Grizzly ankam, allerdings hörte man auch von wenigen Zwischenfällen. Wenn es einen gab, wurde er wie ein Hai-Angriff von den Medien aufgebauscht und ließ einen glauben, Haie und Grizzlys würden Menschen als Beute betrachten und ständig Jagd auf sie machen. Aber auch Grizzlys gingen den Menschen am liebsten aus dem Weg, hatte Travis gemeint.

»Gibt's was Romantischeres als ein Lagerfeuer?«, fragte Chris.

»Ein wenig unheimlich ist es hier schon«, erwiderte Ella. »Der Strand, an dem wir das Wolfsrudel beobachtet haben, war mir lieber. Ich hatte nie das Gefühl, die Wölfe könnten uns gefährlich werden. Grizzlys sind ein anderes Kaliber. Wenn so ein Grizzly durchdreht, bleibt kein Stein auf dem anderen.«

»Keine Angst, ich beschütze dich!« Er grinste.

»Du würdest mit dem Spray auf einen Grizzly losgehen?«

»Für dich würde ich alles tun, Ella!«

»Ehrlich?«

»Ganz ehrlich.«

Sie umarmten und küssten sich lange, genossen die Nähe des anderen und die Wärme des Feuers. Erst nachdem sie weiteres Holz in die Flammen geworfen hatten, zogen sie sich in ihr Zelt zurück und krochen in ihre Schlafsäcke. Sie lagen dicht beieinander, atmeten im gleichen Rhythmus und waren sich trotz der Schlafsäcke näher als in den vergangenen Nächten. Ein Wunder, dachte Ella, niemals hätte sie gedacht, so starke Gefühle für einen Mann empfinden zu können. Sie war immer auf Arbeit und Karriere fixiert gewesen.

Das Knacken von Ästen ließ sie aufhorchen. Im Schein des Feuers, das immer noch brannte, war ein dunkler Schatten zu sehen. Heiseres Fauchen klang durch die Nacht. Ein Grizzly? Ein Schwarzbär? Ein böser Albtraum? Sie griffen gleichzeitig nach dem Bärenspray und wagten nicht, sich zu bewegen oder etwas zu flüstern, verharrten reglos in ihren Schlafsäcken und warteten darauf, dass der Albtraum vorüberging. Nur wenige Minuten, für Ella eine halbe Ewigkeit, flackerte der Schatten über die Zeltwand, dann verschwand er wieder, und es waren nur noch ihre Atemzüge und das Knistern der Flammen zu hören.

»Ein Grizzly?«, flüsterte Ella nach einer gefühlten Ewigkeit.

»Oder ein Schwarzbär.«

»Oder wir träumen gerade beide das Gleiche.«

Gegen Morgen wurden sie erneut durch ein seltsames Geräusch geweckt. Es dauerte einige Zeit, bis sie merkten, dass es regnete. Die Tropfen prasselten so heftig auf ihr Zelt, dass Ella schon glaubte, es würde hageln. Aber es war nur heftiger Regen, keine Seltenheit in dieser Gegend, der auch die Spuren ihres nächtlichen Besuchers verwischte, falls wirklich ein Bär dort gewesen war.

Nur widerwillig krochen sie aus ihrem Zelt. Sie wuschen ihre Gesichter, putzten sich die Zähne mit Wasser aus ihren Feldflaschen und wechselten die Sweatshirts, mehr war bei diesen widrigen Verhältnissen nicht möglich. Aus dem Wald holten sie neues, einigermaßen trockenes Brennholz. Das gesammelte Holz hatte der Regen unbrauchbar gemacht. Chris brachte das Feuer nur mühsam in Gang, doch nach einer Weile brannte es, und sie kamen in den Genuss von heißem Tee und aufgewärmten Biskuits. Das teilweise feuchte Holz verursachte starken Rauch, der sich mit dem morgendlichen Nebel vermischte.

Vor allem der heiße Tee war eine Wohltat. Er wärmte von innen heraus und ließ sie etwas optimistischer auf den Tag blicken. Was man in der Zivilisation vielleicht arglos zur Seite stellte, wurde in der Wildnis zu einem kostbaren Gut. Weil sie die Nacht unbeschadet überstanden hatten, gönnten sie sich einige Riegel Schokolade zum Nachtisch. Obwohl die nächtlichen Ereignisse immer noch an ihr nagten, hatte Ella sich selten so glücklich und zufrieden gefühlt.

Sie waren bereits dabei, ihren Abfall in einem Plastikbeutel zu verstauen, als erneut Äste in unmittelbarer Nähe knackten. Es war kein Grizzly, auch kein Schwarzbär, sondern William Housty, der Watchman der Heiltsuk auf Yeo Island. Er trug dieselbe Kleidung wie letztes Mal und schien nicht überrascht zu sein, sie an der Küste von Yeo Island zu sehen. »*Yauxva*«, sagte er. »Seid gegrüßt!«

»Guten Morgen«, erwiderten sie.

»Habt ihr noch Tee übrig?«

Ella bat ihn, sich neben sie auf einen Felsbrocken zu setzen, und reichte ihm einen Becher. Auch ein Biskuit nahm er dankend an. »Wir hatten heute Nacht Besuch«, berichtete sie, »ein Bär, vermuten wir. Wir haben nur einen dunklen Schatten gesehen. Nach ein paar Minuten verschwand er wieder im Wald.«

»Einen Grizzly habe ich schon lange nicht mehr auf der Insel gesehen«, erwiderte Housty. »Vielleicht ein Schwarzbär oder ein böser Traum.« Er lächelte.

»Das haben wir uns auch gedacht.«

»Wenn die Nacht so dunkel ist wie gestern, sieht man Dinge, die man sonst niemals sehen würde«, sagte Housty. »Wir Heiltsuk glauben an Geister und daran, dass sie nachts durch die Wälder streifen. Auf dieser Insel leben viele Geister. Sie sind misstrauisch, wenn zwei *muxvstu*, zwei Weiße, an der Küste anlegen.« Er trank einen Schluck. »Der Tee tut gut nach der kühlen Nacht.«

»Sie waren die ganze Nacht unterwegs? Im strömenden Regen?«

»Die halbe Nacht«, räumte Housty ein. »Ich habe Ausschau nach den Wolfsjägern gehalten. Ich weiß, dass sie in der Nähe sind und Black bei sich haben. Er kennt sich mit Wölfen aus und ahnt wahrscheinlich, wo sich Cula aufhält.«

»Auf Yeo Island?«

»In den Wäldern, auf der Suche nach einer Partnerin.«

Ella berichtete von der einsamen Wölfin, die sie gesehen hatten. »Auch sie schien auf der Suche zu sein. Wir wollten ihr folgen und haben leider ihre Spur verloren. Wir sind keine Spurenleser. Wir wissen nicht mal, ob die Wölfin noch auf der Insel oder schon weitergezogen ist. Sie schien eine gute Schwimmerin zu sein.«

»Was meinen Sie, ist sie noch hier? Haben Sie sie auch gesehen?«

197

»Sie ist noch hier. Mir entgeht kaum etwas auf dieser Insel. Ich habe die Wölfin gesehen und weiß, dass sie die Witterung eines anderen Wolfs aufgenommen hat. In einem Traum habe ich gesehen, wie sie sich mit einem schwarzen Wolf vereint, nicht weit von hier. Aber sie bestimmen, wann sie ein Paar werden. Sie haben mir nicht verraten, wann das sein wird. Vorher werdet ihr sie nicht sehen können.«

»Wir haben nicht mehr viel Zeit«, sagte Ella.

Housty lächelte ein wenig mitleidig. »Eine Schwäche der Weißen, vor allem, wenn sie aus einer großen Stadt kommen. Ohne Geduld zu zeigen, überlebt niemand in dieser Wildnis. Ein Jäger, der zu schnell nach seinem Gewehr greift und zu hastig schießt, wird niemals ein Wild erlegen. Ein Wolf, der nicht bereit ist, auf die Ebbe zu warten, wird keine Geschenke aus dem Meer enthalten. Die Geduld ist eine Tugend, die jeder lernen muss, der hier draußen lebt.«

Aus der Ferne drang das Lärmen eines Außenbordmotors an ihre Ohren. Ella dachte sofort an die Wolfsjäger, doch als das Boot näher kam, erkannte sie, dass sie es erst vor Kurzem bei *Martin's Marina* gesehen hatte. Tanya und die beiden jungen Männer. Sie blickte ihnen neugierig entgegen und erwartete, dass sie abbremsten, um ein paar Worte mit ihnen zu wechseln, doch sie fuhren weiter, ohne das Tempo herauszunehmen, und verschwanden in der Ferne.

»Tanya! Warum hält sie nicht an?«, wunderte sich Chris.

»Tanya Roberts«, erklärte Housty zur Überraschung von Ella und Chris. »Die Nichte des Mannes, den wir

den Seelentöter nennen, weil er trotz der neuen Gesetze immer noch jahrhundertealte Zedern fällen lässt, heilige Bäume, die zum Great Bear Rainforest wie der weiße Spirit Bear und die Küstenwölfe gehören. Er heißt Douglas Finch und beherrscht die Holzindustrie im Westen.«
Ella verstand plötzlich. »Wir haben sie am Flughafen in Bella Bella getroffen. Eine Naturschützerin, die von den Aktivitäten ihres Onkels nicht gerade begeistert ist. Es hörte sich eher so an, als würde sie sich gegen ihn auflehnen.«

»Ich kenne Tanya Roberts«, erklärte Housty. »Sie versucht schon seit Jahren, ihren Onkel davon zu überzeugen, dass er einen Fehler begeht. Sie hat sich an den Protesten beteiligt, als es das Gesetz gegen die Abholzung noch nicht gab, und wurde immer aktiver, als klar wurde, dass sich ihr Onkel immer neue Schlupflöcher suchen würde, um das Gesetz zu umgehen. Sie wird euch zu einem Problem führen, das ihr kennen müsst, bevor ihr Cula begegnet. Dass sie ausgerechnet an dieser Küste entlangfährt, muss ein Zeichen für euch sein.«

»Wir sollen ihr nachfahren?«

»Folgt ihr, und ihr werdet sehen, warum Cula zu uns gekommen ist.« Er reichte ihnen den Becher. »Ich muss weiter. Tut, was ich euch gesagt habe.«

Als er verschwunden war, blickten sich Ella und Chris betroffen an. Mit einem solchen Rat hatten sie nicht gerechnet. Doch sie bauten auf die Weisheit von Housty und packten ihre Rucksäcke und die Fototasche in das Schlauchboot. Im zügigen Tempo folgten sie Tanya und ihren Freunden nach Norden.

Das Wetter hatte sich gebessert, aber von der Sonne war noch immer nichts zu sehen. Ein schmutzig-grauer Himmel spannte sich über den Inseln und Kanälen. Nebelfetzen trieben übers Wasser, klammerten sich an die Baumkronen und blieben im dichten Unterholz hängen. Das Brummen ihres Außenbordmotors klang wiederholt überlaut in der ansonsten gespenstischen Stille. Es ging kaum Wind, und das Wasser des Spiller Channels lag wie ein dunkler Spiegel vor ihnen.

Ella saß am Bug ihres Bootes und blickte durch ihr Fernglas. Die Küsten der Inseln zu beiden Seiten wirkten eintönig und boten meilenweit immer das gleiche Bild: Scheinbar endlose Fichtenwälder, stellenweise durchsetzt mit Zedern und Laubbäumen, reichten bis dicht ans Ufer heran und ließen nur einen schmalen Streifen aus felsigen und sandigen Stränden. Wenn in wenigen Stunden die Ebbe einsetzte, würde der Streifen noch schmaler werden. Auf einem der Küstenstreifen standen zwei junge Bären und schienen ein Bad nehmen zu wollen, ein Otter tauchte aus dem Wasser, und am Himmel kreiste ein Weißkopfseeadler mit ausgebreiteten Schwingen. Das Leben der Tiere war nicht so aufregend und aktionsreich wie in den meisten Dokumentarfilmen, bestand nicht nur aus Jagd und Kämpfen auf Leben und Tod. Die meiste Zeit verbrachten wilde Tiere mit Spielen und Faulenzen.

Hinter der Nordspitze von Yeo Island öffnete sich der Spiller Channel nach beiden Seiten. Der Wind, der an diesem Morgen vom Meer kam, war hier deutlicher zu spüren und strich so dicht übers Wasser, dass es unruhige Wellen warf. Chris blieb jedoch auf Kurs, wählte den unbequemeren Weg durch die Mitte des Kanals, um beide Ufer im Blick zu behalten. Auch er schaute gelegentlich durch sein Fernglas und half Ella beim Suchen nach dem Motorboot.

Ella hatte die Karte auf ihrem Handy aufgerufen und sah, dass sich der Kanal weiter nördlich in zwei Arme zerteilte, aber nirgendwo eine Durchfahrt zu anderen Kanälen oder dem offenen Meer bot. Beide endeten irgendwo in den Wäldern. Es schien keine Siedlung, keine Lodge oder Fischerhütte zu geben, nur endlosen Wald, vereinzelte Flüsse und Seen, scheinbar menschenleere Wildnis, die sich seit Hunderten Jahren anscheinend kaum verändert hatte.

Sie hatten keine Ahnung, in welche Richtung Tanya mit ihren beiden Freunden gefahren war, mussten sich auf ihr Bauchgefühl verlassen und notfalls in beiden Kanälen suchen. »Rechts vor links«, schlug sie vor. »Was hat Housty wohl damit gemeint, dass Tanya uns zeigen würde, weswegen Cula gekommen war? Er spricht in Rätseln, wie in diesen Prophezeiungen.«

»Einige Legenden der Heiltsuk scheinen gar nicht so abwegig«, erwiderte Chris. Er setzte sein Fernglas ab. »Bei den Heiltsuk soll es immer noch Schamanen geben. Hat man doch beim Potlatch gesehen. Vielleicht ist William Housty ein heiliger Mann.«

»Weil er mit Wölfen sprechen und hellsehen kann?«

»Menschen wie er haben ein innigeres Verhältnis zur Natur. Sie hören und sehen noch etwas, wenn wir Großstädter längst versagen. Hab ich in Afrika bei den Massai gesehen. Die Jäger spüren einen Löwen, wenn er noch meilenweit entfernt ist. Hört sich wie Zauberei an, ist aber ganz natürlich, wenn man in der Wildnis aufgewachsen ist, auch heute noch. Die Heiltsuk leben seit einigen Jahrhunderten mit den Küstenwölfen zusammen, sie verstehen einander.«

»Du meinst, die Zivilisation hat uns verdorben?«

»Irgendwie schon. Manche werden sagen, wir haben uns weiterentwickelt.«

»Ich möchte auf beides nicht verzichten«, sagte Ella, »die Annehmlichkeiten der Zivilisation und die Natur. Ich liebe es, hier draußen zu sein und die Tiere zu beobachten, auch wenn das nicht immer ungefährlich ist. Deshalb ist es ja so wichtig, die Natur zu schützen. In Nationalparks und Naturschutzgebieten.«

»Und wenn du dich zwischen Zivilisation und Natur entscheiden müsstest?«

»Eine gemeine Frage und unfair. Städter wie wir würden in der Wildnis doch keine Woche überleben. Nicht mal für ausgebildete Marines würde ich meine Hand ins Feuer legen, wenn man sie irgendwo in der Wildnis absetzen würde.«

Sie hatten die Gabelung erreicht und wandten sich nach rechts. Der Kanal wartete mit einem kurvenreichen Lauf auf sie, bog scharf nach links, wand sich dann urplötzlich nach rechts, wurde breiter, dann wieder schmaler, sodass Chris voll damit beschäftigt war, das Boot auf Kurs zu halten. Die Kulisse bleib gleich, auch hier erstreckten sich Fichtenwälder bis zu den Ufern.

Sie waren ungefähr eine Stunde gefahren, als das Rattern von Maschinen und das Kreischen von Kettensägen aus dem Wald drang. Ein unheilvolles Geräusch, das als lautes und einschüchterndes Echo über den Meeresarm drang.

»Holzfäller!«, rief Chris. »Tanya will zu ihrem Onkel!«

»Sie will ihm die Meinung sagen«, erkannte auch Ella. »Fragt sich nur, was sie vorhat? Warum hat sie ihre beiden Freunde dabei? Planen sie irgendwas?«

»Klima-Aktivisten? So wie die Leute, die bedrohte Wälder besetzen?«

»Sie war ziemlich entschlossen. Scheint keine zu sein, die Angst hat.«

»Das meinte Housty also damit, dass wir herausfinden würden, warum Cula in den Great Bear Rainforest gekommen ist«, sagte Chris. »Die Holzfäller sind immer noch eine Bedrohung für die Wälder, und Cula ist ein lebendiges Symbol für den Widerstand gegen den Raubbau an der Natur. Housty will, dass du darüber schreibst, damit die Holzkonzerne das Land für immer verlassen.«

»Er hat recht, auch das gehört in meinen Artikel. Mal sehen, was Douglas Finch uns zu sagen hat, und ob er seinen Namen ›Seelentöter‹ zu Recht trägt.«

»Du meinst, er ist hier draußen? Nicht in seinem warmen Büro?«

»Tanya weiß wohl, dass er hier ist.«

Sie brauchten nicht lange, um das Motorboot zu finden. Es lag an einem behelfsmäßigen Steg vertäut und schaukelte in den Wellen. Sie stiegen aus und zogen ihr Schlauchboot auf den schmalen Sandstreifen, weit genug vom Wasser entfernt, um später nicht von der Flut erfasst und weggezogen zu werden.

Ein schmaler Pfad führte vom Ufer in den Wald hinein. Sie trugen ihre Rucksäcke auf dem Rücken, und Chris hatte sich seine schwere Fototasche umgehängt. Ella hatte sich schon oft gefragt, wie man es schaffte, mit einer so schweren Last beweglich zu bleiben, aber Chris war daran seit Jahren gewöhnt. Ohne seine Fototasche wäre er nur ein halber Mensch, hatte er einmal gesagt.

Der Pfad führte in zahlreichen Windungen durch den Wald. Mit jedem Schritt wurden die Maschinengeräusche und das Kreischen der Kettensägen lauter. Der Lärm passte nicht in diese stille Natur und hatte sicher alle Tiere in die Flucht getrieben. »Timber!«, schrie irgendjemand. Äste und Zweige knackten, das Kreischen der Sägen verstummte für einen Moment, und ein dumpfes Poltern verriet, dass eine der mächtigen Fichten zu Boden gefallen war.

Vor Ella und Chris brach trübes Licht durch die Baumkronen. Sie beschleunigten ihre Schritte und erreichten eine weite Lichtung, ein Schlachtfeld mit den Baumstümpfen unzähliger gefällter Fichten. Dazwischen die dunklen Überreste einiger Zedern, deren Umfang so groß war, dass sie wohl seit über hundert Jahren auf der Lichtung gestanden hatten. Vor dem riesigen Baumstumpf blieben sie entsetzt stehen und verstanden plötzlich die Angst, die ein Mann wie Housty vor dem endgültigen Sterben der Zedern hatte. Mit einer gefällten Zeder starb ein Teil der Schöpfung, solche Bäume zu fällen, war ein Verbrechen.

Chris schoss mehrere Fotos von dem Zedernstumpf und dem Kahlschlag auf der Lichtung, deprimierende Bilder vom rücksichtslosen Vorgehen geldgieriger Konzerne, die keine Skrupel kannten, wenn es um ihren Gewinn ging. »Wenn Melanie mutig ist, zieht sie eines der Fotos über zwei Seiten. Die Gegensätze zwischen der scheinbar unberührten Natur und diesem Chaos hätten eine große Schockwirkung. Kapiere ich nicht, dass man so geldgeil sein kann.«

Vom Waldrand kamen zwei kräftige Männer auf sie zu. Security-Männer, vermutete Ella. Einer rief: »Stehen bleiben! Kamera runter! Wird's bald?«

# 18

Ella und Chris blieb nichts anderes übrig, als den beiden Männern zu gehorchen. Sie trugen keine Uniformen, waren eher wie einfache Holzfäller gekleidet, trugen aber Waffen und Funkgeräte. Schon seltsam, dachte Ella, wenn ein Unternehmer gezwungen ist, in der Wildnis zwei Sicherheitskräfte zu beschäftigen. Anscheinend war Finch es gewohnt, bedroht zu werden. Das Gebiet, auf dem er Bäume fällen ließ, war kein geheimes militärisches Versuchsgelände.

»Wer sind Sie? Was suchen Sie hier?«, fuhr einer der Männer sie an.

»Wir arbeiten für eine Zeitschrift in Kalifornien.«

»Reporter?«

»Aus Ihrem Mund klingt das wie was Böses.«

Der Security-Mann verstand keinen Humor. Eher missmutig griff er nach seinem Funkgerät. »Mister Finch … Sir … ich hab zwei Reporter beim Fotografieren auf der Lichtung erwischt. Einen Mann und eine Frau aus Kalifornien.«

»Und?«, kam die barsche Antwort. »Bringen Sie die beiden her!«

»Mitkommen!«, fuhr er Ella und Chris an.

Sie gehorchten widerwillig und folgten den beiden Wachmännern über die Lichtung. Im angrenzenden Wald konnten sie sich selbst davon überzeugen, wie sich die Holzfäller mit kreischenden Kettensägen an Fichten und Zedern vergingen und unter den Befehlen eines Vorarbeiters einen Baum nach dem anderen fällten. Die gefällten Stämme mussten von den Ästen befreit und mit fahrbaren Kränen auf die bereitstehenden Trucks gehoben werden, eine schweißtreibende Plagerei, die von den Männern vollen Einsatz erforderte.

Dennoch blickten einige der Holzfäller neugierig zu ihnen herüber, einige sogar feindselig, weil sie von Demonstranten und anderen Eindringlingen auch ihre Jobs bedroht sahen. Der Vorarbeiter war noch deutlicher und rief den Wachmännern zu: »Aktivisten? Reporter? Wer ist es denn diesmal, Buddy?«

»Reporter«, antwortete Buddy.

»Die nerven langsam alle!«, schimpfte der Vorarbeiter, um sich gleich darauf an einen seiner Männer zu wenden: »Pass doch auf, Randy! Wie oft hab ich dir gesagt, du sollst den Wurzelstock von Moos und Erde befreien, bevor du mit der Säge rangehst! Mit Schlamperei kommen wir hier nicht weiter!«

Sie erreichten die Forststraße, über die schwere Trucks die Stämme zu den Sägewerken brachten. Ein breites Band, das sich wie ein rabiater Schnitt durch den Regenwald zog und vollkommen deplatziert in der Wildnis wirkte. Zwei beladene Sattelschlepper standen zur Abfahrt bereit, einer davon bereits beladen mit rotbraunen Zedernstämmen, die man zersägt hatte, um sie besser transportieren zu können. Die Fahrer waren nicht zu sehen. Nicht weit davon entfernt parkte einer der riesigen Kräne, die mit ihren mehrgliedrigen Greifarmen das Holz aufluden.

Der Anblick der Trucks und Maschinen reichte aus, um ein leichtes Gefühl der Übelkeit in Ellas Magengegend auszulösen. Sie passten einfach nicht in diese lebendige Natur, symbolisierten auf schmerzvolle Weise, wie sehr sich Douglas Finch an dem größtenteils unter Naturschutz stehenden Gebiet versündigte. Ella hatte allgemein nichts gegen Holzfirmen oder Holzfäller. Die Menschen brauchten Holz für den Bau von Häusern, die Herstellung von Papier und viele andere Dinge. Aber nach Schlupflöchern in bestehenden Naturschutzgesetzen zu suchen und über hundert Jahre alte Zedern fällen zu lassen, war unredlich.

Hinter dem Kran in einer Einbuchtung parkten ein schwarzer Cadillac Escalade und einige andere Geländewagen. Ella nahm an, dass der Escalade, einer der teuersten SUVs, dem Firmenchef gehörte. Er war ungewöhnlich sauber für einen Wagen, der in der Wildnis bewegt wurde. Anscheinend bestand Finch darauf, nur in einem glänzend polierten Wagen zu fahren.

Ella verzog das Gesicht bei dem Gedanken, sagte aber nichts. Sie gingen an den Trucks vorbei, bogen auf einen Pfad ab und erreichten nach ungefähr einer Viertelmeile das Büro, das in einer hastig errichteten Hütte untergebracht war. Einer der beiden Wachmänner war bei den Trucks zurückgeblieben, der andere klopfte an die Hüttentür und rief: »Buddy Fisher, Sir. Ich hab die beiden hier.«

»Kommen Sie schon rein!«, antwortete eine ungeduldige Stimme.

Das Büro war einfach eingerichtet. Ein Schreibtisch, zwei Besucherstühle und ein Aktenschrank waren die einzigen Möbel. An den Wänden hingen Einsatzpläne und Statistiken und eine Karte der Insel, auf der anscheinend bunte Stecknadeln die Gebiete markierten, in denen gefällt werden sollte. Neben dem Laptop-Computer lagen ein Funkgerät und ein Satellitenhandy. Der Strom für die Lampen und den Computer kam aus einem Generator hinter der Hütte.

»Setzen Sie sich!«, forderte Finch sie auf und deutete auf die Besucherstühle. Zu dem Wachmann sagte er:»Ich brauche Sie nicht mehr, Buddy.«

Douglas Finch war ein korpulenter Mann in den Sechzigern, dessen gerötetes Gesicht auf erhöhten Blutdruck hinwies, seiner Vitalität aber keinen Abbruch tat. Über seinen schmalen Lippen prangte ein Schnauzbart, der jedem Westernhelden zur Ehre gereicht hätte. Sein Haar war weiß und dünn. Am lebhaftesten, aber dabei voller Misstrauen, waren seine grauen Augen. Er trug Jeans und Holzfällerhemd und hatte eine Baseballmütze mit dem Logo seiner Firma auf dem Schreibtisch liegen. Seine Regenjacke hatte er über seine Stuhllehne gehängt.

»Ich bin Douglas Finch«, begann er, »mir gehört der Laden hier, und ich hab's gar nicht gern, wenn sich Fremde in meinen Abholzgebieten aufhalten.«

»Chris Bailey und Ella Moore«, erwiderte Ella. »Chris fotografiert, und ich schreibe. Wir hätten vorher anrufen sollen, ist mir schon klar, aber wir haben erst vor Kurzem von Ihren Aktivitäten erfahren und hatten keine Zeit mehr.«

»Und dann sind Sie einfach hergekommen.«

»Ist das ein Problem?«

»Journalisten und Fotografen sind hier generell nicht gern gesehen, erst recht nicht, wenn sie vorhaben, die Fake News der Sensationspresse zu verbreiten. Ich hab keine Lust, ständig diese widerlichen Lügen zu kommentieren.«

»Wir arbeiten für ein Reisemagazin«, erklärte Ella. *Blue Horizons*, vielleicht haben Sie schon von uns gehört. Mit so was haben wir wenig am Hut.«

»Und warum sind Sie dann hier?«

»Wir berichten über interessante Gegenden unserer Erde«, fuhr Ella fort. »Urlaubsziele, Nationalparks, Naturwunder, auch über Naturschutzgebiete wie den Great Bear Rainforest. Die Natur ist unser großes Thema. Fremde Länder, fremde Völker, Tiere, Pflanzen ... die ganze Bandbreite. Die Menschen sollen erfahren, wie schön und interessant unsere Erde ist, wie sie am Schöpfungstag ausgesehen haben könnte, auch ohne dass wir sie mit Städten und Straßen zupflastern und Tiere und Pflanzen wegen ein paar Bodenschätzen zerstören.«

»Mit anderen Worten, Sie wollen mir ans Bein pinkeln.«

»Sagen wir, ich möchte mich auch kritisch mit den Problemen des Naturschutzes auseinandersetzen«, wusste Ella auch hierauf eine Antwort. »Ich habe alles über den ›War in the Woods‹, den ›Krieg in den Wäldern‹, gelesen und war sehr angetan davon, dass die kanadische Regierung, die Vertreter der First Nations, die Heiltsuk und sogar die Industrie und die Naturschützer ein für alle Seiten tragbares Gesetz verabschiedet haben. Meines Wissens dürfen Bäume nur noch in einem Gebiet gefällt werden, das fünfzehn Prozent des Great Bear Rainforest ausmacht. ›Ökologisch verantwortlich‹ soll Ihre Arbeit erfolgen.«

»Und genau das tun wir«, unterbrach sie der Firmenchef, der ihre Argumente schon auswendig kannte. »Wir schädigen den Wald nicht, wir fördern ihn.«

»Sie nützen Schlupflöcher in dem Gesetz aus, um weiter die wertvollen Zedern fällen zu können. Jahrhundertealte Bäume, die Sie nur fällen können, weil Sie ›Greenwashing‹ betreiben und den angeblichen Naturschutz wie ein Aushängeschild vor sich hertragen. Sie verbreiten auch Fake News, Mister Finch.«

Das Gesicht des Firmenchefs war noch dunkler geworden. »Nun mal langsam, junge Frau! Was Sie mir vorhalten, können Sie nicht belegen. Sie wiederholen doch nur das, was die Heiltsuk und diese Naturfreaks verbreiten. Dass diese Zedern heilig sind, und dass man mit ihnen sprechen könne. Dass ich nicht lache. Weinen Sie auch, wenn Sie im Laden Schnittblumen kaufen?«

»Muss denn immer nur der Profit im Mittelpunkt stehen?« Ella ging nicht auf seinen Sarkasmus ein. »Muss es immer nur ums Geld gehen? Tut es Ihnen denn nicht in der Seele weh, wenn Ihre Leute diese mächtigen Zedern fällen?«

»Mein Mitleid hält sich in Grenzen«, erwiderte er. »Ich lasse keine Bäume fällen, weil wir den Naturschützern eins auswischen wollen. Natürlich verdiene ich damit Geld, das ist schließlich mein Job, aber ich finanziere mit meinen Einnahmen auch das Leben von mehreren Hundert Angestellten und Arbeitern und leiste einen wichtigen Beitrag für die Allgemeinheit. Wir brauchen Holz, sonst wäre vieles nicht machbar. Oder sollen alle Kanadier in Zelten wohnen? Wollen Sie auf Tierhäute schreiben? Wollen Sie Möbel aus Kunststoff?«

»Natürlich nicht«, sagte Ella, »aber muss das Holz ausgerechnet aus einem Schutzgebiet wie dem Great Bear Rainforest kommen? Aus einem Gebiet, das auch den Heiltsuk gehört und ihnen heilig ist? Warum lassen Sie die Zedern fällen? Weil Zedernholz den größten Profit bringt? Was treibt Sie an, Sir?«

Finch lehnte sich in seinem Sessel zurück und lächelte milde. »Die Heiltsuk leben in einer Traumwelt. Mit der Natur im Einklang, den eigenen Besitz unter den Armen aufteilen ... ein schönes Märchen, das nur Leute glauben, die noch nie mit den First Nations zu tun hatten. Auch die Heiltsuk nehmen sich das, was sie zum Leben brauchen, von der Natur. Sie jagen, sammeln Kräuter, fischen in Flüssen und Seen und verkaufen aus Holz geschnitzte Figuren und Masken an Urlauber. Vielleicht sollten Sie mal darüber schreiben, junge Frau.«

Ella kam nicht mehr dazu zu antworten. Ein gewaltiger Knall erschütterte den Wald, gefolgt von weiteren Donnerschlägen, die sogar die Hütte zum Zittern brachten. Aufgeregte Schreie schallten vom Holzfällercamp herüber.

Finch griff nach dem Revolver unter seinem Schreibtisch und rannte zur Tür. »Buddy! Jory!«, rief er schon, bevor er sie aufgerissen hatte. Er rannte auf den Pfad zur Forststraße. »Wo seid ihr? Was, zum Teufel, geht da vor?«

Auch Ella und Chris waren aufgesprungen. Ohne ihre Rucksäcke und die Fototasche rannten sie hinter dem Firmenchef her. »Tanya!«, rief Ella. Ihr Puls raste vor Aufregung. »Wir hätten wissen müssen, dass so was passiert!« Von der Forststraße zog beißender Rauch herauf, wie nach einem Feuerwerk am Unabhängigkeitstag. Durch die Bäume waren lodernde Flammen zu sehen.

»Feuer!«, rief jemand. »Der verdammte Truck brennt!« »Der Feuerlöscher! Schnell!«

Sie erreichten die Forststraße und beobachteten entsetzt, wie Flammen aus der Fahrerkabine eines der Sattelschlepper züngelten. Tanya und ihre beiden Freunde mussten eine Brandbombe durch das Fenster geworfen haben.

Einer der Holzfäller, die teilweise mit ihren Motorsägen zur Forststraße gelaufen kamen, holte den Feuerlöscher aus einem der unversehrten Trucks und ging gegen das Feuer vor. Er brauchte nicht lange, um es zu löschen. Zurück blieben eine zerstörte Fahrerkabine, schwelender Kunststoff, siedend heißes Metall und beinahe unerträglicher Gestank. Seltsamerweise war der kleine Teddybär auf dem Armaturenbrett von den Flammen verschont geblieben.

»Buddy! Jory! Wo seid ihr?«, rief Finch mit hochrotem Gesicht.

Die beiden Security-Männer wussten, dass sie versagt hatten, und traten schuldbewusst nach vorn. Wie kleine Jungen, die bei einem Streich erwischt worden waren. »Tut mir leid, Chef«, entschuldigte sich Buddy, »wir haben nichts gesehen. Wir können nicht die ganze Gegend überwachen. Aber weit können sie nicht sein. Ich wette, sie haben ein Boot am Kanalufer liegen.«

»Und worauf wartet ihr dann noch? Lauft zum Wasser runter und holt sie zurück. Und kommt mir nicht damit, dass sie schon abgelegt haben, kapiert? Wenn ihr ohne die verfluchten Dreckskerle zurückkommt, seid ihr gefeuert.« Die beiden Wachleute rannten davon.

»Und ihr?«, fauchte Finch die Holzfäller an. »Steht hier nicht rum und schaut dumm in die Gegend. Ihr werdet fürs Bäumefällen bezahlt. Zurück an die Arbeit, oder ich ziehe euch was vom Lohn ab! Hier gibt's nichts mehr zu sehen.«

Ella war einige Schritte gegangen, um dem giftigen Rauch auszuweichen, als sie eine Bewegung zwischen den Bäumen entdeckte, keine hundert Schritte von dem ausgebrannten Truck entfernt. Zuerst glaubte sie an ein Tier, dann erkannte sie, dass es sich um eine junge Frau handelte, und rannte zu ihr.

»Tanya! Um Himmels will! Was ist passiert?«

Tanya schien taub zu sein. Sie kam nur mühsam auf die Beine und musste sich an einem Baum abstützen, um nicht das Gleichgewicht zu verlieren. Ihr Gesicht war rußverschmiert. »Ich ... ich kann nichts mehr hören ... ich bin ... bin taub ...«, stammelte sie. Ihre Augen waren in panischer Angst geweitet.

»Das waren die Böller. Keine Angst, das wird wieder.«

Tanya griff sich mit beiden Händen an die Ohren. Wenn sie einem der ohrenbetäubenden Böller zu nahe gekommen war, klingelte und pfiff es wahrscheinlich in ihrem Kopf. »Die Jungs ... sie haben nicht aufgepasst. Einer der Böller ist direkt neben mir explodiert. Ich ...« Sie fluchte derb. »Hört das denn nie auf, verdammt?«

Ella legte einen Arm um ihre Schultern und wartete, bis Tanya wieder einigermaßen hören konnte. »Warum habt ihr das gemacht? Für so was kann man ins Gefängnis kommen! Wenn dein Onkel euch anzeigt, müsste ihr sogar die Schäden an der Fahrerkabine bezahlen.«

»Den Teufel werden wir tun!« Sie hatte sich von ihrem Schrecken einigermaßen erholt und schüttelte ihren Arm ab. »Wir haben es ein paarmal auf die friedliche Art versucht, aber mein sturer Onkel hört ja nicht auf mich. Selbst schuld, wenn wir ihn mit einem Feuerwerk aus seiner Hütte locken müssen.«

Tanya lief nicht davon. Sie hatte sich die Aufmerksamkeit ihres Onkels regelrecht erkämpft, ging entschlossen auf ihn zu und rief: »Hörst du mir jetzt zu, Onkel? Nicht ich begehe ein Verbrechen, sondern du! Warum hörst du nicht auf, die alten Zedern zu fällen? Warum umgehst du die neuen Gesetze? Bist du so geldgierig, dass dir die Natur völlig egal ist?« Sie schien keine Angst vor ihrem Onkel zu haben. »Geh aufs Festland zurück und hör auf, die Natur im Great Bear Rainforest zu zerstören! Hör auf, die alten Zedern abzuholzen!«

»Das hätte ich mir ja denken können!«, erwiderte Finch. »Meine missratene Nichte! Was fällt dir ein, dich hier wie eine Terroristin aufzuführen? Mit Böllern rumzuwerfen und einen Truck anzustecken? Weißt du, was so eine Fahrerkabine kostet? Wie lange du zahlen musst, wenn ich dich anzeige? Du hast eine Straftat begangen, verflucht! Ein Miststück wie du gehört ins Gefängnis!«

»Mach mal halblang, Onkel! Die Böller tun niemandem weh, damit wollten wir dich nur aus deiner Hütte locken. Und der brennende Truck ... okay, manchmal muss man eben zu drastischen Mitteln greifen, um einen herzlosen Kapitalisten wie dich anzuprangern. Geh woanders hin mit deinen Holzfällern!«

Finch lächelte herablassend. »Und du meinst, ich lasse mich von deinem Feuerwerk beeindrucken? Du kannst froh sein, wenn ich dich nicht anzeige.«

Tanya erwiderte sein Lächeln. »Meinetwegen, aber vorher siehst du dir den Film an, den wir von der abgeholzten Lichtung auf dem Handy haben. Sobald meine Freunde ein Netz haben, geht das Filmchen viral. Auf allen Kanälen!«

»Kinderkram!«, fauchte Finch. »Oder wollt ihr mich erpressen? Im Gegensatz zu dir habe ich nicht gegen das Gesetz verstoßen. Ihr könnt mir nichts anhaben. Wir richten uns nach dem Gesetz, das wir zusammen mit der Regierung, den Heiltsuk, den Naturschützern und den Verbänden vereinbart haben.«

»Weil ihr die Schlupflöcher kennt. Wenn ihr noch einen Funken Anstand besitzen würdet, hättet ihr euch komplett aus dem Regenwald zurückgezogen.«

»Und das Geschäft anderen überlassen? Ich bin Unternehmer.«

»Und denkst nur an Profit.«

Finch schüttelte verständnislos den Kopf und wandte sich an Ella und Chris. »Ich hoffe, Sie stecken nicht mit meiner vorlauten Nichte unter einer Decke?«

»Wir haben sie in der Stadt getroffen«, erwiderte Ella, »mehr nicht.«

»Und billigen ihre Vorgehensweise?«

»Nein«, sagte Ella, »wir sind für Naturschutz, aber gegen Gewalt.«

»Feiglinge!«, fauchte Tanya.

Die Wachmänner tauchten mit Tanyas beiden Freunden auf. Sie hatten die jungen Kerle mit Kabelbindern an den Handgelenken gefesselt und am Kragen gepackt. »Sie waren schon im Boot, als wir kamen, Sir«, berichtete Buddy.

»Sieh an!«, lästerte Finch verächtlich. »Ihr wolltet meine Nichte also ihrem Schicksal überlassen! Tolle Kavaliere seid ihr, das muss man euch lassen.«

»Versager!«, schrie Tanya sie an.

Finch streckte eine Hand aus. »Eure Handys! Her damit!«

»Ich denke ja nicht daran«, sagte Tanya.

»Ihr habt die Wahl. Entweder wir binden euch an Bäume und rufen die Polizei, oder ihr gebt mir eure Handys und kommt noch mal davon. Ihr wisst, was für eine Strafe euch erwartet. Ein paar Sozialstunden reichen da nicht mehr.«

Widerwillig gaben sie ihm ihre Handys.

»Und jetzt verschwindet! Nächstes Mal kommt ihr nicht so glimpflich davon! Buddy! Jory! Bindet die beiden los! Und dann macht, dass ihr wegkommt, Tanya, bevor ich's mir doch noch anders überlege. Jory, du begleitest sie zum Boot! Und du, Buddy, suchst das Filmchen auf den Handys und löschst es!«

Ella und Chris kehrten mit Finch zur Hütte zurück und schnallten ihre Rucksäcke um. Chris griff nach seiner Fototasche. Durch den Wirbel war der Mann ganz abgelenkt und vergaß sogar, Chris' Kamera noch mal auf Fotos zu kontrollieren. »Keine Angst«, sagte Ella, bevor sie gingen, »wir sind weder von CNN noch von der *New York Times*. Wir halten uns aus der Politik raus. Aber so ganz unrecht hat Ihre Nichte nicht.«

# 19

Ella war froh, als sie wieder in ihrem Schlauchboot saßen. Dass ihr erster großer Auftrag so abenteuerlich verlaufen würde, hätte sie nicht gedacht. Es war schon erstaunlich, wie einige Menschen die Natur missachteten, sie aus rein egoistischen Motiven ausbeuteten wie Douglas Finch oder in einem Naturschutzgebiet wie dem Great Bear Rainforest aus reiner Freude am Töten auf Wolfsjagd gingen. In gewisser Weise verstand sie die Wut einer jungen Aktivistin wie Tanya, wenn sie auch deren gewalttätiges Vorgehen nicht billigte.

Während der Fahrt zu ihrem Zeltplatz aßen sie jeder ein Sandwich und tranken heißen Tee. Obwohl es schon Mittag war, blieb die Sonne weiter hinter einer dichten Wolkendecke verborgen, als fürchtete sie, mit ihren Strahlen zu viel Optimismus zu verbreiten. Im Westen über dem offenen Meer waren die Wolken noch dunkler, kein Wetter, um mit dem Boot die schützenden Kanäle zwischen den Inseln zu verlassen. Die Wälder blieben davon unbeeindruckt, verharrten geheimnisvoll im Halbdunkel und bildeten eine schwarze Wand.

Hinter der Gabelung, als sich der Kanal nach beiden Seiten öffnete und man kaum das andere Ufer erkennen konnte, war das Wasser unruhiger, und Chris beschleunigte das Tempo, um besser gegen die höheren Wellen und den stärkeren Wind gewappnet zu sein und nicht abgetrieben zu werden. Ella saß am Bug, den Wind im Gesicht, und blinzelte in den nebligen Dunst an den Ufern.

»Tanya kann von Glück sagen, dass Finch ihr Onkel ist«, sagte sie, als sie in den schmaleren Spiller Channel fuhren, und Chris den Motor drosselte. »Jeder andere hätte die Polizei gerufen, und sie und ihre beiden Freunde wären im Gefängnis gelandet. Ein zweites Mal dürfen sie sich so was nicht erlauben.«

Chris klappte seine Kapuze nach hinten. »Tanya gibt nicht auf. Auf dem College war ich mit einer Aktivistin befreundet, die war nur wenig älter als sie und hätte ihr Leben riskiert, wenn sie ihren Gegnern damit einen entscheidenden Schlag versetzt hätte. Die kam aus Texas und protestierte gegen die Klimapolitik der Regierung. Ziemlich gewagt für jemanden, der aus Texas kommt. Dort ist man schon dran, wenn man sich ›Onkel Toms Hütte‹ ausleiht. Sie konnte froh sein, dass sie auf ein liberales College in Kalifornien ging.«

»Einiges auf dieser Welt geht in die falsche Richtung«, erwiderte Ella, »aber mit Gewalt kommt man nicht weit. Oder meinst du, es ändert irgendwas, wenn Tanya und ihre Freunde einen Truck abfackeln? Den Schaden zahlt doch die Versicherung, und Finch macht weiter, was er will. Geld regiert die Welt.«

»Nur gut, dass ich kaum welches hab.«

»Frag mich mal«, erwiderte Ella lachend.

Nur weil sie dicht an der Küste entlangfuhren, entdeckte Ella das Motorboot der Wolfsjäger. Es lag in einer halbmondförmigen Bucht vertäut und war vom Kanal aus nur zu erkennen, wenn man aufmerksam das Ufer studierte.

»Chris!«, rief sie.

»Hab's schon gesehen«, erwiderte er. Er lenkte ihr Schlauchboot in die Bucht und vertäute es in einer Einbuchtung im felsigen Ufer, wo es die Wolfsjäger nur sehen konnten, wenn sie danach suchten. Mit ihren Rucksäcken und der Fototasche kletterten sie an Land und erschraken, als ein lang gezogenes Heulen die Stille zerriss. Wie eine Warnung geisterte es durch den Wald und verhallte über der nebelverhangenen Bucht.

»Cula!«, flüsterte Ella.

»Oder die Wölfin, die wir gesehen haben.«

»Und die Wolfsjäger können auch nicht weit sein. Was jetzt?«

»Ich will Cula fotografieren«, sagte Chris. »Ich weiß, wir sind nicht hier, um schießwütige Machos zu jagen, aber dass sie Cula töten und die Heiltsuk demütigen, dürfen wir auch nicht zulassen. Irgendwie muss es uns gelingen, diese Verrückten zur Vernunft zu bringen. Ich hab keine Ahnung, wie wir das anstellen sollen, aber versuchen müssen wir's. Oder willst du sie machen lassen?«

Ella dachte nicht daran. »Ich will dein Foto von Cula auf dem Titel, und ich will, dass Cula seine Partnerin findet und ein neues Rudel gründet. Selbst wenn vieles nur Legende und Cula ein ganz gewöhnlicher Wolf ist, würde es den Heiltsuk neue Hoffnung geben. Der schwarze Wolf als Hoffnungssymbol.«

Sie marschierten los. Hier im Norden der Insel war das Unterholz genauso verfilzt wie weiter südlich, und da es nicht einmal die Andeutung eines Pfades gab, kamen sie nur mühsam voran. Die entwurzelten Bäume und die Felsen, die aus dem Boden ragten, waren mit Moos und Flechten bedeckt und verbreiteten einen feuchten Modergeruch. Über besonders feuchten Stellen schwirrten Insekten. Die Bäume ragten bis zum Himmel empor und sperrten fast alles Licht aus, sie schufen ein düsteres Halbdunkel, in dem man kaum etwas sah.

Ella übernahm die Führung. Chris hatte mit seiner sperrigen Fototasche genug zu tun. Normalerweise trug er auf solchen Touren nur einen Rucksack bei sich, um beweglicher zu sein, aber für das Foto mit Cula hatte er für alle Eventualitäten gewappnet sein wollen und die ganze Ausrüstung dabei. Fotografen konnten stur sein, wenn sie hinter einem bestimmten Motiv her waren, hatte Ella selbst während ihrer bisherigen Aufträge herausgefunden. Bei ihrem Auftrag in den Sierras war der Fotograf mitten in der Nacht auf einen Berg gestiegen, nur um pünktlich zum Sonnenaufgang in Stellung zu sein. Ein Eifer, der auch auf Journalisten wie sie zutraf, nur hatte sie keine Ausrüstung zu tragen.

Die Feuchtigkeit in dem Regenwald machte ihnen zu schaffen. Die Gefahr, auf einem der moosbedeckten Baumstämme oder Steine auszurutschen und sich den Knöchel zu verstauchen, war groß. An besonders kritischen Stellen kletterten sie Hand in Hand über die Hindernisse. Das war ein schönes Gefühl, doch meist liefen sie hintereinander. Ella räumte störende Äste zur Seite und wies auf gefährliche Stellen hin, die sich ihnen in den Weg stellten. Nur selten fanden sie die Gelegenheit, ein liebes Wort oder ein Lächeln auszutauschen.

Wieder hallte das Heulen eines Wolfs durch den Wald, diesmal erschreckend nahe, als hätte er sich direkt vor ihnen im Unterholz versteckt. Natürlich war das ein Irrglaube, aber wo war er dann? Die Richtung, aus der das Heulen kam, war nur schwer zu bestimmen. Als würde es von überallher kommen.

»Weiter nördlich«, vermutete Chris. »War da nicht ein kleiner See?«

Sie legten eine Pause ein, und Ella rief die abgespeicherte Karte der Insel auf ihrem Handy auf. »Ungefähr vier Meilen von hier. Eine ziemliche Ecke.«

»Es sei denn, wir finden endlich einen Trail.«

Aber ein Pfad war weit und breit nicht zu sehen. Der Wald weigerte sich, ihnen das Vorwärtskommen zu erleichtern, und stellte sich ihnen mit immer neuen Hindernissen in den Weg. Von Gewittern entwurzelte Bäume, die so ungünstig lagen, dass man angestrengt klettern musste, um sie zu überwinden. Nasse Farne, die einem bei jedem Schritt ins Gesicht schlugen. Glitschige Felsen, die vor lauter Moos kaum zu erkennen waren. Und ständig die Gefahr, einen missgelaunten Bären aufzuscheuchen und in Lebensgefahr zu geraten.

Sie folgten dem Kompass auf ihrem Smartphone und hatten Glück. Schon eine halbe Stunde später stießen sie auf einen morastigen Pfad, auf dem deutlich frische Spuren zu sehen waren, selbst für ungeübte Spurenleser wie sie.

Sie hielten inne und tranken aus ihren Wasserflaschen. Auf ihrer Stirn standen Schweißtropfen. Der Pfad war nicht besonders breit, aber es gab kaum Hindernisse, und sie kamen zügiger voran. Nach dem anstrengenden Marsch durch das Unterholz waren sie über jede noch so kleine Erleichterung dankbar. Die Spuren der Wolfsjäger waren immer noch deutlich zu erkennen. Auch die Abdrücke von Bärentatzen fanden sie, doch sie führten quer über den Pfad, und sie hatten wohl nichts zu befürchten. Chris hatte das Bärenspray griffbereit in seiner Tasche, für den Notfall.

Nach ungefähr drei Meilen endete der Pfad, und die Spuren der Wolfsjäger verloren sich im Unterholz. Die Anstrengung begann von vorn. Sie waren jung und noch lange nicht am Ende ihrer Kräfte und waren dennoch froh, als der Wald lichter wurde, und der Platz zwischen den Bäumen zunahm. Das Land wurde hügeliger, zwang sie, besonders steile Hänge im Zickzack zu erklimmen, und wartete mit riesigen Felsbrocken auf, die sie zu weiten Umwegen zwangen. Sie hatten keine Ahnung, wo sich die Wolfsjäger aufhielten, erkannten irgendwann überhaupt keine Spuren mehr im Unterholz und atmeten erleichtert auf, als sie ein weites baumloses Plateau erreichten, das wie eine Plattform aus den Bäumen ragte.

Sie setzten die Rucksäcke und die Fototasche ab und dehnten ihre Körper. Der Marsch hatte ihnen alles abverlangt. Sie gingen ein paar Schritte, erfreuten sich an der wundervollen Aussicht, die über die Wälder hinweg und bis nach Bella Coola reichte, der nächsten größeren Stadt auf dem Festland. Die Nebelbänke, die sich in den Baumkronen verhangen hatten, gaben ihnen das Gefühl, in einer fernen Stadt über den Wolken zu sein, fernab der Wirklichkeit, in einem magischen Land, das auf keiner

224

Landkarte verzeichnet war. Der Wind, der außerhalb des Waldes blies, brachte den Duft von Fichten und Zedern mit.

Unterhalb des Plateaus, mindestens einen einstündigen Fußmarsch entfernt, lag eine kleine Lichtung. Das Wasser eines schmalen Flusses schimmerte im matten Tageslicht. Ella blickte durch ihr Fernglas, suchte die Lichtung ab und setzte es erschrocken ab, als sie die Wolfsjäger durch den Fluss waten sah.

Chris schien sie ebenfalls entdeckt zu haben. »Das sieht nicht gut aus«, sagte er. »Sie scheinen den besseren Weg genommen zu haben. Sie wollen zu demselben See wie wir. Anscheinend weiß Black genau, wo er suchen muss.«

»Ein Heiltsuk. Wie kann er das nur tun?«

»Er denkt an das Geld, das ihm die Wolfsjäger bezahlen. Manche Familien hier haben nicht viel.«

Ella blickte erneut durch ihr Fernglas. Die Männer hatten das andere Ufer erreicht und blieben stehen. Black suchte angestrengt nach Spuren und schien fündig geworden zu sein, als sich das lang gezogene Heulen wiederholte. Der junge Heiltsuk erhob sich und blickte auf den Wald, aus dem sie gekommen waren.

Aus dem Wald unterhalb des Plateaus, auf dem Ella und Chris standen, sprang die Wölfin in den Fluss. Es geschah so plötzlich und überraschend, dass die Wolfsjäger nicht reagierten. Das Wasser reichte ihr kaum bis zum Bauch und hinderte sie nicht daran, in weiten Sätzen voranzukommen. Eingehüllt in schäumende Gischt durchquerte sie den Fluss und erklomm die Uferböschung.

Erst dann reagierten die Wolfsjäger. Howie und Morgan griffen nach ihren Gewehren und schossen auf die Wölfin, verfehlten sie mit ihren ersten Schüssen, versuchten es gleich noch mal und schossen wieder daneben. Die Wölfin war schnell, deutete eine Bewegung nach links an, rannte dann doch geradeaus und hatte schon fast den Wald erreicht, bevor Howie zum dritten Mal feuerte.

Ella beobachtete die Szene durch ihr Fernglas. Ihr stockte der Atem, als die Wölfin unter einem Treffer zusammenzuckte und einen Schmerzenslaut ausstieß. Doch gleich darauf rannte sie weiter und tauchte im Wald unter.

»Du hast sie getroffen!«, rief Morgan.

»Nur ein Streifschuss«, erwiderte Howie enttäuscht, »das verdammte Biest war zu schnell. Durch so was lässt sie sich nicht aufhalten.« Er wandte sich vorwurfsvoll an Jimmy und Black. »Was steht ihr rum, ihr Vollpfosten? Warum habt ihr nicht geschossen? Zusammen hätten wir das Miststück erledigt.«

»Ihr bezahlt mich fürs Spurenlesen, nicht fürs Schießen«, sagte Black.

Jimmy sagte gar nichts.

»Ihr nach!«, lenkte Morgan von sich ab. »Die erwischen wir noch!«

»Die Jagd ist vorbei!«, ertönte eine Stimme. Ella war genauso überrascht wie die Wolfsjäger, als Housty aus dem Unterholz trat und mit seinem Gewehr auf die Männer zielte. »Ihr habt genug Unheil angerichtet! Das gilt auch für dich, Black! Hier gibt es nichts mehr zu holen für euch. Fahrt nach Hause!«

»Du hast uns gar nichts zu befehlen!«, sagte Howie.

»Ich bin Watchman auf dieser Insel. Ich vertrete die Interessen der Heiltsuk und sorge dafür, dass sich niemand an unserer Natur vergreift. Die Natur ist uns heilig, und niemand hat das Recht, sie zu zerstören, weder Jäger, Fischer noch Urlauber. Ihr jagt Tiere, die wir verehren, und du, Black, hintergehst deinen Clan, wenn du dich an diesen gemeinen Morden beteiligst.«

»Ich habe nicht geschossen!«, wehrte sich der Heiltsuk.

»Aber du hast den Männern gezeigt, wo sie die Wölfe finden können. Das ist genauso schlimm, vielleicht noch schlimmer, weil du ein Heiltsuk bist und damit dein Volk verrätst. Du solltest weniger Whiskey und Bier trinken und mehr vernünftige Arbeit verrichten, dann bräuchtest du dich nicht für so etwas herzugeben. Geh nach Hause, Black!«

Morgan wurde ungeduldig. »Willst du auf diesen Penner hören?«, sagte er. Er deutete auf Housty. »Lass uns endlich nach Cula suchen! Ich kann's gar nicht erwarten, dieser miesen Bestie endlich eine Kugel in den Pelz zu jagen.«

»Gehen wir!«, entschied Howie.

»Andere Richtung!«, rief Housty. »Geht zu eurem Boot zurück und fahrt nach Hause! Ihr habt genug Unheil angerichtet.« Er hob den Gewehrlauf an.

Howie grinste. Es sollte wohl überheblich aussehen, aber in seiner Stimme schwang auch ein wenig Furcht mit. »Du würdest nicht auf uns schießen, Watchman! Wir haben gegen kein Gesetz verstoßen. Also lass uns in Ruhe!«

»Ihr verstoßt gegen die Gesetze unseres Volkes!«

»Scheiß drauf!«

»Ein Schritt weiter, und ich schieße!«

»Das bringst du nicht fertig. Du nicht.«

Housty zog den Abzug durch. Die Kugel fuhr vor den Wolfsjägern in den Boden und riss ein Grasbüschel aus der Erde. Das Krachen des Schusses hallte als vielfaches Echo über die Lichtung und erreichte Ella und Chris, die erleichtert aufatmeten, als sie sahen, dass Housty nur zwischen die Beine des Wolfsjägers gezielt hatte. Der Watchman verstand anscheinend wenig Spaß, wenn es darum ging, seine Heimat gegen skrupellose Männer zu verteidigen.

»Und jetzt kehrt endlich um!«, sagte Housty.

Die Wolfsjäger gaben klein bei und verließen die Lichtung über den Pfad, den sie gekommen waren. »Wir beobachten euch!«, rief ihnen Housty nach und meinte damit wohl auch die anderen Heiltsuk, die in ihren Booten die Kanäle befuhren.

»Wir sehen uns wieder!«, antwortete Howie wütend.

Ella und Chris warteten, bis die Männer verschwunden waren, und fanden einen Pfad, der von dem Plateau auf die Lichtung führte. In zahlreichen Windungen wand er sich durch kniehohe Farne und Gestrüpp in das Tal hinab.

»William Housty!«, rief Ella. Sie blieb stehen und winkte heftig.

Als sie sah, dass der Heiltsuk sie bemerkt hatte, liefen sie und Chris weiter und erreichten nach ungefähr einer halben Stunde die Lichtung. Der Abstieg dauerte länger, als sie vermutet hatten, und machte sich in den Knien bemerkbar.

»Ich wusste, dass Sie in der Nähe sind«, begrüßte sie der Heiltsuk. »Sie sind auf dem richtigen Weg. Die Wölfin wird Sie zu Cula führen ... heute noch.«

»Wie können Sie das wissen?«

»Warum sollte die Wölfin sonst diesen Weg genommen haben?«

Housty war ein Rätsel für Ella. Ihr war nicht klar, ob seine Voraussagen nur auf Vermutungen basierten, oder ob er tatsächlich Dinge wusste, die andere nicht mal erahnten. Vielleicht erging es ihm wie wilden Tieren, die in der Wildnis einen siebten Sinn entwickelten, eine Art Instinkt, der es ihnen ermöglichte, versteckte Beute zu finden, schlechtes Wetter vorauszusehen und die schon beim geringsten Hinweis auf etwas aufmerksam wurden, das für ihr Überleben entscheidend sein konnte. Vielleicht sprachen die Tiere und Pflanzen tatsächlich zu ihm, und der Wind trug Stimmen zu ihm, die kein anderer hörte.

»Kommen Sie mit?«, schlug Ella vor. »Zeigen Sie uns, wo wir Cula finden können, bevor es dunkel wird, und Chris nicht mehr fotografieren kann.«

Housty lächelte sanft. »Cula will, dass Sie allein kommen. Es wäre unredlich, wenn ich Ihnen den Weg zeigen würde. Die Suche nach ihm gehört mit zu der Erfahrung, die Sie auf dieser Insel machen werden. Haben Sie keine Angst! Sie müssen keine Spurenleser sein, um Cula zu finden. Die Wölfin wird Sie führen. Ich werde die Wolfsjäger und Black genau beobachten und darauf achten, dass sie Yeo Island und die Gewässer unseres Volkes verlassen.«

Der Watchman ließ sie allein und folgte dem Pfad, den die Wolfsjäger genommen hatten. Ella und Chris blieb nichts anderes übrig, als allein weiterzuziehen. Im Wald fanden sie die Spuren der Wölfin, verloren sie aber schon bald im Unterholz. Sie kletterten über einen umgestürzten Baumstamm, der so viel Moos angesetzt hatte, dass er zwischen den Farnen kaum zu entdecken war, und stießen auf einen schmalen Pfad, der nach Norden führte. Dort gab es etliche Spuren, auch größere Abdrücke, die von Bären stammen mussten, aber sie ließen sich nicht abschrecken und folgten ihm durch den dichten Fichtenwald.

»Unheimlich hier«, sagte Ella während einer kurzen Rast.

»Aber wir sind auf dem richtigen Weg, das spüre ich.«

Nach einem längeren Fußmarsch endete der Wald, und sie erreichten eine malerische Senke. Tiefgrüne Hänge, nur stellenweise mit Bäumen bewachsen, stiegen zu beiden Ufern des schmalen Flusses an, durch den die Wölfin gelaufen war. Nebelschwaden hingen über dem Wasser und zauberten eine geheimnisvolle Stimmung, wie man sie meist nur in romantischen Träumen erlebte.

Als Ella die Wölfin am Ufer stehen sah, spürte sie sofort, dass etwas Besonderes geschehen würde. »Chris!«, flüsterte sie, »jetzt bist du an der Reihe!«

# 20

Cula zelebrierte seinen Auftritt. Mit federnden Schritten kam er über einen der Hänge ins Tal, den Kopf stolz erhoben, jede Bewegung die eines geborenen Anführers, und näherte sich der Wölfin, die am Ufer auf ihn wartete. Zwei gleichwertige Partner, die einander gesucht hatten und den Augenblick, der sie endlich zueinanderbringen würde, mit jeder Faser ihres Herzens zu genießen schienen. Chris kniete neben seiner Fototasche im Gras und fotografierte jede Regung der beiden Tiere. Den schwarzen Wolf, wie er durch den Nebel kam, im Hintergrund die Hügel und der Fluss. Die Wölfin, wie sie stolz und selbstbewusst auf ihn wartete. Den magischen Augenblick, als die beiden sich vorsichtig beschnupperten und den Geruch des anderen aufnahmen, ihre Schnauzen am Fell des anderen rieben und sich wohl zu verstehen gaben, dass sie ein neues Rudel gründen und gemeinsam in eine neue Zukunft gehen würden. Wie sie für wenige Sekunden ihren majestätischen Stolz vergaßen und wie spielende Kinder aneinander hochsprangen, um die Wette liefen und sich liebevoll aneinander rieben.

Bevor sie im Wald verschwanden, hielten beide inne und blickten zu Ella und Chris herüber. Als posierten sie für den Fotografen, der gar nicht genug von ihnen bekommen konnte und ständig den Auslöser drückte. Cula und seine Partnerin wussten, dass Zweibeiner in der Nähe waren, schienen aber auch zu ahnen, dass sie ihnen nichts Böses wollten. Das sah Ella auch in ihren Augen, die im nebligen Dunst zu leuchten schienen.

»Perfekt!«, freute sich Chris, nachdem er sein letztes Foto geschossen hatte und die Wölfe nicht mehr zu sehen waren. »Jetzt haben wir unsere Titelseite.«

Sie sahen sich die Fotos auf dem Display der Kamera an und waren mehr als zufrieden. Die magische Stimmung der Begegnung zwischen Cula und seiner Partnerin kam auch auf den Bildern perfekt rüber. Ella sah das Cover von *Blue Horizons* bereits vor sich: Die beiden Wölfe am Ufer des Flusses, die Nebelschwaden, die einen optimalen Hintergrund für die Headline bieten würde: »Küstenwölfe in Kanada – bedroht und bewundert.« Oder Melanie verlegte Cula und die Wölfin auf eine Doppelseite im Innern des Heftes, und auf den Titel kam ein Wolf, der an der Küste nach Nahrung suchte. Fehlte nur ihr Text, eine lebendige und atmosphärisch dichte Reportage, die den Menschen unter die Haut ging. Ella war sicher, diese hohen Anforderungen erfüllen zu können.

Zufrieden mit ihrer Ausbeute machten sie sich auf den Rückweg zur Küste. Diesmal schlugen sie einen weiten Bogen um das Plateau. Der Weg war etwas länger und führte durch verfilztes Unterholz, bevor sie wieder einen Pfad erreichten. In dem Wissen, alle Voraussetzungen für einen erfolgreichen Artikel geschaffen zu haben, schienen auch die Rucksäcke und die Fototasche leichter zu sein. Sie unterhielten sich laut und fröhlich auf dem Rückweg, auch um die Bären auf Abstand zu halten, und freuten sich auf die gemeinsame Nacht in ihrem Zelt. Diesmal würde ihnen nicht mal ein Grizzly etwas anhaben können.

Das bittere Erwachen erlebten sie auf dem letzten Teilstück ihres Weges, der beschwerlichen Kletterei durch das dichte Unterholz des Regenwaldes in Küstennähe. In seinem Übermut rutschte Chris auf einem der von Moosen und Flechten überzogenen Felsen aus und fiel so unglücklich, dass er sich an einer der scharfen Kanten den Oberschenkel aufriss und zwischen die feuchten Farne stürzte. Sein Fototasche landete neben ihm. Stöhnend vor Schmerz blieb er liegen, nur das angestaute Adrenalin verhinderte, dass er das Bewusstsein verlor.

»Chris!«, erschrak Ella. »Nicht schon wieder! Um Gottes willen!«

Sie ging neben ihm in die Knie und versuchte, einigermaßen die Ruhe zu bewahren. Als sie sah, wie stark die Wunde blutete, nahm sie ihren Rucksack vom Rücken und kramte den Verbandskasten heraus. Mit der Schere schnitt sie Chris' Hose auf, säuberte die Wunde, so gut es ging, und legte einen festen Druckverband an. Zwei Aspirin waren nicht viel, linderten aber den größten Schmerz. Sie schob einen Arm unter seinen Hals, hob den Kopf leicht an und flößte ihm die Tabletten mit Wasser aus ihrer Feldflasche ein. Nach einem starken Ast, den er als Krücke benutzen konnte, brauchte sie nicht lange zu suchen.

»Sorry«, sagte er, »ich hätte besser aufpassen sollen.«

»Unsinn! Du kannst nichts dafür. Und die Meile, die wir noch bis zur Küste haben, schaffen wir auch so. Meinst du, du kommst mit der Krücke zurecht?«

233

»Ich schaff das, Ella. Keine Angst, ich schaff das.«

Es schien unendlich lange zu dauern, bis Chris es endlich schaffte, aufzustehen und unter Schmerzen und leicht schwankend stehen blieb. Ohne Ella wäre er wahrscheinlich gescheitert. Sie bat ihn, sich an einem Baum festzuhalten, während sie den Verbandskasten schloss, den Rucksack umschnallte und sich die schwere Fototasche über die Schultern wuchtete. Unter dem Gewicht knickte sie kurz ein, fing sich aber sofort wieder und stützte Chris mit ihrem freien Arm. Mit dem anderen umklammerte sie den Tragegurt der Fototasche.

Sie kamen nur langsam voran. Immer wenn Chris sein verletztes Bein belastete, stöhnte er vor Schmerzen, und jedes noch so kleine Hindernis wurde zur Tortur. Alle paar Minuten blieb er stehen, weil ihm schwarz vor Augen wurde und er beinahe ohnmächtig wurde, und einmal knickte er ein, und Ella musste ihre ganze Kraft aufwenden, um sein Gewicht aufzufangen.

Ella schwitzte schon nach wenigen Schritten. Der Trageriemen der Fototasche grub sich tief in ihre Haut und schien sie zu Boden ziehen zu wollen. Chris drohte bei jedem Baumstamm, über den sie steigen mussten, zu fallen, und sie gab sich weiterhin große Mühe, um ihn am Sturz zu hindern. »Halt durch, Chris!«, munterte sie ihn immer wieder auf. »Wir haben es bald geschafft!«

Tatsächlich brauchten sie über eine Stunde, bis sie die Küste erreichten. Es wurde bereits dunkel, als sie in ihr Schlauchboot stiegen. Chris sank erschöpft zu Boden und schloss die Augen. Ella übernahm das Ruder, brauchte nur wenige Versuche, um den Außenbordmotor in Gang zu bringen und steuerte das Boot an der Küste entlang. Böiger Wind machte ihr das Leben schwer, der Vorbote eines Unwetters, wie sie befürchtete. Hätten sie doch nur mit Travis ausgemacht, sie schon am frühen Morgen abzuholen. Hier hatten sie kein Netz und konnten ihre Handys nicht benutzen. »Halt durch, Chris«, rief sie wieder.

Mit hochgezogener Kapuze hielt sie das Boot so dicht an der Küste wie möglich, um wenigstens einigermaßen vor dem Wind geschützt zu sein. Am Himmel tauchten dunkle Wolken auf. Noch hingen sie über den benachbarten Inseln, doch sie kamen näher, und es würde nicht mehr lang dauern, bis die ersten Tropfen fielen. Die Flut hatte bereits eingesetzt. Auf dem Wasser tanzten Schaumkronen, an einigen Stellen hatten sich gefährliche Strudel gebildet.

»Wir sind da, Chris!«, rief sie, als die Flussmündung auftauchte, an der sie lagerten. »Wir haben es geschafft! In ein paar Minuten hast du endlich Ruhe!«

Ella lenkte das Boot an Land und zog es auf die Felsen. Es kostete sie noch einmal viel Kraft, Chris aus dem Boot zu helfen. Es war gar nicht zu vermeiden, dass er beim Aussteigen sein Bein belastete und sich stöhnend an sie hängte, um nicht das Gleichgewicht zu verlieren. Doch obwohl sie beinahe ins Straucheln geriet, schaffte sie es, ihn zum Zelt zu führen und ihn auf den Schlafsack zu legen. Ihm in den Schlafsack zu helfen, hätte wahrscheinlich zu große Schmerzen verursacht.

Nachdem sie das Boot unter einige Fichten gezogen und fest vertäut hatte, schleppte sie die Fototasche ins Zelt und stellte sie zu den Rucksäcken. Sie beugte sich über Chris. »Alles okay? Du wirst sehen, morgen früh sieht die Welt schon anders aus.« Eine Floskel, aber was sollte sie sonst sagen?

Sie flößte ihm etwas warmen Tee ein und packte die Proviantbox aus. »Wie wär's mit einem Thunfisch-Sandwich? Das soll wahre Wunder bewirken.«

Sie aßen gemeinsam. Ella hatte den Eindruck, dass er versuchte, seine Schmerzen zu unterdrücken, um ihr nicht noch mehr zur Last zu fallen, und tapfer lächelte, wenn sie ihn ansah. Sie brauchten nicht viele Worte, um sich zu verständigen. Sagte man nicht, dass man den Menschen, mit denen man zusammen schweigen konnte, besonders nahestand? Sie drückte Chris' freie Hand und erwiderte sein Lächeln, spürte seine Liebe auch ohne große Worte.

»Danke«, sagte Chris. »Ohne dich läge ich wahrscheinlich immer noch im Wald und würde darauf warten, dass mich ein Grizzly zum Abendessen verspeist. Tut mir leid, dass ich dir so einen Ärger mache. Wenn wir wieder in L.A. sind, werde ich mich revanchieren. Wie wär's mit einem Sushi-Essen?«

»In dem Lokal, in dem wir mit Melanie waren?«

»Das wäre doch eine Idee!«

»Klingt gut.« Sie küsste ihn sanft auf den Mund. »Aber ich hätte dich auch ohne Belohnung gerettet. Ich liebe dich wirklich, Chris. Bevor es nach Kanada ging, hätte ich nicht im Traum dran gedacht, dass es zwischen uns funken würde. Dich hab ich für einen Angeber gehalten, der auf jedem Kontinent eine andere hat, und ich bin so in meinem Job aufgegangen, dass kaum Platz für einen

Mann gewesen wäre. Aber es geht beides. Wir kriegen das hin, oder?«

»Und ob«, erwiderte er, »wir sagen Melanie, dass wir nur noch als Team arbeiten. Der beste Fotograf und die beste Schreiberin. Mehr geht nicht.«

Sie besiegelten ihre Abmachung mit einem Kuss und beinahe wäre es zu mehr gekommen, hätte Ella nicht Chris' verletztes Bein berührt. Er stieß einen verzweifelten Schmerzensschrei aus und sie entschuldigte sich Tausend Mal. »Tut mir leid, Chris! Tut mir leid! Ich verbinde dich noch mal, okay?«

»*Yauxvla!*«, rief eine Stimme von draußen.

Ella und Chris blickten einander überrascht an.

»William Housty!«, antwortete Ella. Sie kroch aus dem Zelt und sah den Watchman unter den Bäumen stehen. »Sie hatten recht. Wir haben Cula gesehen. Er hat sich mit der Wölfin zusammengetan. Ein wundervoller Moment!«

Der Heiltsuk freute sich mit ihr. »Er ist ein besonderer Wolf.«

»Das ist wahr.« Sie sah, dass er nach Chris Ausschau hielt. »Chris ist auf dem Rückweg über einen Felsen gestürzt. Er hat sich am Bein verletzt. Er liegt im Zelt.«

Housty nahm seinen Rucksack vom Rücken. »Darf ich?« Ohne ihre Antwort abzuwarten, kroch er zu Chris ins Zelt. »*Yauxvla!*«, begrüßte er ihn, klappte vorsichtig die eingeschnittene Hose auf und nahm den Verband ab.

»Das haben Sie gut gemacht«, sagte er zu Ella, die neben ihm auf dem Zeltboden kniete.

»Ich wollte die Blutung stoppen.«

»Das ist Ihnen gelungen.« Er zog einen sauberen Lappen aus seinem Rucksack, befeuchtete ihn mit Wasser aus seiner Feldflasche, und säuberte die Wunde. »Ist glücklicherweise nur eine Fleischwunde, soweit ich sehen kann. Wenn eine Arterie verletzt wäre, hätten wir ein Problem, aber so …« Er blickte Chris an. »Ist nicht schlimm«, tröstete er ihn, »schmerzhaft, aber nicht lebensgefährlich.«

Housty nahm ein paar Kräuter aus seiner Umhängetasche und zermalmte sie zu einem grünen Brei. Als er Ellas und Chris' misstrauische Mienen sah, grinste er. »Keine Angst. Die Heilkräuter treiben den Heilungsprozess voran. Ein altes Rezept der Heiltsuk. In den Wundsalben aus der Apotheke sind auch Kräuter drin, aber nicht nur, und die Preise sind viel zu hoch. Vertrauen Sie mir!«

Er verteilte den Brei auf der Wunde und legte einen neuen Druckverband an. Seine routinierten Bewegungen zeigten, dass er so etwas nicht zum ersten Mal tat. Chris entspannte sich zusehends und nickte dankbar, als Ella ihn aus seinem Becher trinken ließ und ihm zwei weitere Schmerztabletten reichte.

Housty klopfte ihm aufmunternd auf das gesunde Bein. »Über einen Felsen sind Sie gestolpert? Denken Sie sich nichts dabei. Das ist auch erfahreneren Leute schon in unserem Regenwald passiert. Sie haben eine gute Pflegerin.«

»Die beste!«, bestätigte Chris.

»Wie wär's, wenn Sie ein bisschen frische Luft schnappen?«

»Mit dem verletzten Bein?«

»Wir ziehen Sie auf einen der Felsbrocken vor dem Zelt. Frische Luft tut bei den meisten Krankheiten gut, und Sie haben eine bessere Aussicht. Ich sammle ein wenig Holz, und wir entzünden ein Feuer.« Sein Grinsen wirkte schelmisch. »Das sage ich natürlich nicht ohne Hintergedanken. Sie haben doch sicher Kaffee dabei. Wir könnten uns eine Kanne teilen und ein wenig plaudern. Hier auf der Insel komm ich wenig dazu, mich zu unterhalten. Mit Bären und Wölfen und allen möglichen anderen Tieren, aber Menschen begegne ich hier kaum.«

»Klingt gut«, erwiderte Chris. »Hier drin kriege ich noch Platzangst.«

Einige Zeit später saßen sie um ein prasselndes Feuer und tranken Kaffee, für Housty anscheinend eine willkommene Abwechslung nach dem Tee, den er sonst trank. Der Heiltsuk hatte das Feuer etwas abseits des Zeltes im Schatten eines Felsbrockens entzündet, um es vor dem böigen Wind zu schützen und trotz der dunklen Wolken, die langsam näher kamen, fühlten sie sich wohl.

»Sind die Wolfsjäger nach Bella Bella gefahren?«, fragte Ella.

»Das will ich doch hoffen«, antwortete der Heiltsuk. »Auf jeden Fall habe ich gesehen, wie sie in ihr Boot gestiegen und nach Süden gefahren sind. Ich bin über eine Stunde an der Küste geblieben, um sicherzugehen. Sie sind weg.«

»Gute Nachrichten.«

»Und ich habe den Stammesrat über Funk angerufen. Sie sollen dafür sorgen, dass die Wolfsjäger verschwinden. Irgendein Grund wird unseren Leuten schon einfallen.

Black wird sowieso nichts mehr unternehmen, der hat viel zu viel Angst, dass ihm seine Leute den Alkohol und die Drogen wegnehmen.«

»Drogen nimmt er auch?«

»Keine harten Sachen, aber bei ihm reichen schon Marihuana und Oxys, um ihn für einige Tage aus dem Verkehr zu ziehen. Leider fallen immer wieder Touristen auf ihn rein. Sie wollen von einem echten Indianer geführt werden.«

»Sind Drogen ein Problem in Bella Bella?«

»Drogen sind überall ein Problem, in Bella Bella aber vor allem Alkohol. Ich kann es manchen Heiltsuk nicht verdenken. Es ist schwer, Arbeit an der Küste zu finden, seitdem es mit dem kommerziellen Fischfang bergab geht. Viele unserer Leute leben in Armut oder am Existenzminimum, und die Regierung tut nichts, um ihnen zu helfen. Von Touristen allein können wir nicht leben. Aber ich wollte mich nicht über die Sorgen unserer Leute beklagen.«

Sie schwiegen eine Weile, tranken Kaffee und sahen den Flammen zu, wie sie sich in das Holz hineinfraßen. Das Knistern des Feuers hatte etwas Beruhigendes, vor allem beim Anblick der drohenden Gewitterwolken. Noch hingen sie über den Bergen der anderen Insel, doch sie rückten unaufhaltsam näher.

»Das sieht nach einem starken Unwetter aus«, sagte Ella.

Der Blick des Heiltsuk war ebenfalls auf die Wolken gerichtet. »Nach Mitternacht«, sagte er voraus, »der Wind hat gedreht. Überprüfen Sie nochmal, ob das Zelt und das

Schlauchboot ausreichend gesichert sind. Unsere Unwetter können ziemlich heftig sein. Die Fotos, die Sie wollten, haben Sie ja schon.«

»Sie meinen Cula?« Houstys geheimnisvolle Heilkräuter und der Kaffee hatten Chris' Zustand merklich verbessert. »Ihn und die Wölfin zu fotografieren, war ein Erlebnis. Auf Bildern habe ich noch nie so stattliche Wölfe gesehen.«

Ella trank einen Schluck. »Nochmal danke, Sie haben uns sehr geholfen. Ohne Sie hätten wir Cula niemals gefunden.« Sie goss sich Kaffee nach. »Ich glaube, Sie hatten recht. Cula wollte von uns gefunden werden. Warum nur?«

»Weil er weiß, dass Sie mit guten Absichten kommen. Sie tragen seine Botschaft auf den halben Kontinent hinaus.« Er überlegte eine Weile. »Cula ist ein besonderer Wolf. Er steht für die Hoffnung unseres Volkes auf eine unversehrte Natur, den Schutz von Menschen, Tieren und Pflanzen. Nach unserem Glauben besitzen alle eine Seele, sogar die Bäume in unseren Wäldern, und der schwarze Wolf ist unterwegs, um uns daran zu erinnern. Dass er überlebt und die Wolfsjäger nach Hause fahren, ist ein gutes Zeichen. Er ist einer Legende entstiegen und hat uns allein durch seinen Anblick neuen Mut gegeben. Jetzt zieht er sich mit seiner Partnerin in die Wälder zurück. Auch Ihnen ist er dankbar für die Hilfe, die Sie ihm mit Ihrem Artikel geben werden. *Giaxsixa!*«

Noch bevor der Mond und die Sterne am Himmel leuchteten, verabschiedete sich Housty. Er war ein erfahrener und vor allem kluger Mann, der seinem Volk einen unschätzbaren Dienst auf Yeo Island erwies. Er schüttelte beiden die Hand. »Auch ihr habt mir neuen Mut gegeben«, sagte er, »ihr versteht, wie ich denke.«

Ella legte noch etwas Holz nach, bevor sie aufstand, um Chris ins Zelt zu helfen. Er fühlte sich schon wesentlich besser, vor allem wegen der Heilkräuter, wie er glaubte, und konnte sogar stehen und sich langsam bewegen, wenn er seine Krücke zu Hilfe nahm. »Housty ist ein Zauberer«, sagte er, »einer von diesen Schamanen, die einem durch bloßes Handauflegen und geheimnisvolle Kräuter die Schmerzen nehmen. Ich hätte nicht gedacht, dass es so etwas gibt.«

»Er ist ein erfahrener Jäger, der kann so was.«

Chris straffte sich und flüsterte plötzlich. »Ella! Meine Kamera, schnell!«

Ella holte die Kamera und reichte sie Chris. Sie brauchte nicht zu fragen, was er gesehen hatte. Keine zwanzig Schritte von ihnen entfernt traten Cula und die Wölfin aus dem Wald und blickten aus bernsteinfarbenen Augen zu ihnen herüber. Es schien fast so, als wollten sie sich von ihnen verabschieden.

»Cula!«, beantwortete Ella ihren wortlosen Gruß. Der eindringliche Blick der beiden Wölfe schien bis in ihre Seele zu sehen und löste ein Gefühl in ihr aus, das sie bisher nur ansatzweise erfahren hatte. Den Wunsch nach einem harmonischen Miteinander zwischen Menschen, Tieren und Pflanzen, einer friedlichen Welt, in der es nicht nur um Profit ging. Kein Wolf würde mehr Beute erlegen, als er zum Leben brauchte. Keinem Heiltsuk würde es einfallen, die Natur mutwillig zu zerstören. Nur so blieb der Kreis des Lebens erhalten.

Ella stützte Chris, während er fotografierte. Sie beobachtete zufrieden, wie Cula und seine Begleiterin ins Wasser stiegen und nebeneinander auf die benachbarte Insel und in eine neue Zukunft schwammen. Selbst im Wasser bewegten sie sich eleganter und anmutiger als andere Wölfe. Chris fotografierte und Ella blickte ihnen so lange nach, bis sie in der Nacht verschwunden waren.

»Mach's gut, Cula!«, rief sie.

# 21

Am frühen Morgen wurden sie durch einen gewaltigen Donnerschlag geweckt, gefolgt von einem grellen Blitz, der die Lichtung für einen Augenblick in taghelles Licht tauchte. Gleich darauf setzte der Regen ein. Mit einem wahren Trommelfeuer prasselte der Regen auf ihr Zelt herab. Böiger Wind zerrte an den Planen, die Ella vor dem Schlafengehen zusätzlich mit schweren Steinen gesichert hatte, und fegte die letzte Glut aus der Feuerstelle vor ihrem Zelt.

Ella kroch aus ihrem Schlafsack, schob die Zeltklappe vor dem Eingang zwei Fingerbreit zur Seite und blickte auf die Lichtung. Im Morgengrauen, das verzweifelt gegen die ausklingende Nacht anzukämpfen schien, tobte ein Unwetter, wie sie es schon lange nicht mehr erlebt hatte. Der Regen fiel dicht und schwer, als hätte sich der Himmel geöffnet, ließ den Waldrand nur noch als düstere Wand erscheinen und versperrte den Blick auf den Kanal. Wo der Regen auf harten Felsen traf, spritzte das Wasser nach allen Seiten. Woher das wenige Licht kam, das sie die Umgebung wenigstens noch vage erkennen ließ, hätte sie nicht sagen können. In dieser Wildnis schien nichts normal zu sein.

»Als ob die Welt untergeht«, sagte Ella. In ihrer Stimme klang Angst mit. »Nur gut, dass unser Zelt durch Bäume geschützt ist. Solange der Wind nicht dreht, sind wir relativ sicher.« Sie drehte sich zu Chris um. »Bist du, okay?«

»Solange du bei mir bist, immer.« Er versuchte zu lächeln.

»Leider kann ich das Unwetter nicht wegzaubern.«

»Das geht von selbst weg. Komm her!«

Sie kroch zu ihm und schmiegte sich in seine Arme. Seine Wärme war selbst durch den Schlafsack zu spüren. Sie küssten sich lange, unbeeindruckt vom lärmenden Unwetter und erschauderten, als ein weiterer Donnerschlag das Land erschütterte und ein flackernder Blitz über den Himmel zuckte, dessen gleißendes Licht bis in ihr Zelt drang. Ella bekam es mit der Angst zu tun und schmiegte sich enger an Chris, er fluchte und küsste sie im selben Augenblick.

Sie strich ihm mit der flachen Hand über die Wange und merkte, dass er schwitzte. Die Wunde schien ihm mehr zu schaffen machen, als er zugeben wollte. Sie flößte ihm zwei weitere Schmerztabletten ein und warf ihm ein ermutigendes Lächeln zu. »Ich bin gern mit dir zusammen, weißt du das?«

»So gern, wie ich mit dir. Aber Melanie darf auf keinen Fall den Eindruck bekommen, wir hätten unsere Recherche-Reise als Urlaub missbraucht.«

»In einem feuchten Zelt bei strömendem Regen?«

»Du hast recht, das sieht nicht nach Urlaub aus. Und wir haben einige der besten Fotos, die ich je gemacht habe, und du wirst einen Artikel schreiben, der in die Auswahl zum Pulitzerpreis kommt. Oder irgendwas anderes gewinnt.«

»Dann ist das mit uns keine Urlaubsbekanntschaft?«

»Aus den Augen, aus dem Sinn? Bestimmt nicht.« Chris schüttelte leicht den Kopf. »Zu so was taugen wir doch beide nicht. Wir arbeiten beide an unserer Karriere, wollen beide was erreichen in unserem Beruf. Da würden solche Abenteuer wie mit Jennie nur stören. Nein, wenn wir uns verlieben, dann mit Haut und Haaren. Hätte nicht gedacht, dass mir so was passiert, aber so ist es nun mal. Seit ich dich kenne, will ich keine andere Frau mehr ansehen.« Er grinste schelmisch. »Okay, ansehen vielleicht, aber mehr ganz bestimmt nicht.«

Ella spielte mit. »Mit Haut und Haaren ... so schlimm?«

»Du etwa nicht?«

»Mit Haut und Haaren ... und dem ganzen Rest.«

Sie lachten und blieben eng umschlungen liegen. Das Unwetter konnte ihnen nichts anhaben, solange sie sich so nahe waren. Wenn sie seinen Atem auf ihrer Haut spürte, schien selbst der Donner aus weiter Ferne zu kommen und die Blitze verkümmerten zu einem schwachen Glimmen. Sie merkten nicht, dass das Unwetter tatsächlich etwas nachgelassen hatte und langsam nach Osten abwanderte. Die Zeitabstände zwischen Donner und Blitz hatten sich vergrößert. Noch war es zu früh für eine Entwarnung, es regnete immer noch in Strömen, und der Wind heulte unentwegt in den Bäumen und fegte über die Lichtung. Nicht mal die Heiltsuk-Fischer fuhren bei einem solchen Wetter aufs Meer raus.

Ella löste sich von ihm und griff nach ihren Kleidern. »Ich sehe besser mal nach unserem Boot. Nicht dass es sich losreißt und aufs Meer hinaustreibt.«

»Bei dem Wetter? Warte lieber noch!«

»So schlimm ist es nicht mehr. Ich hab keine Angst vor Regen.«

»Ich könnte doch auch … ich glaube, es geht schon wieder.«

»Du bleibst liegen.« Sie lächelte dabei.

Nachdem sie sich angezogen hatte, zog sie ihr Regencape über den Anorak und trat in den Regen hinaus. Sie war überrascht, wie stark der Regen noch immer war und mit welcher Wucht der Wind ins Unterholz fuhr. Nur mühsam behielt sie ihr Gleichgewicht. Mit vorsichtigen Schritten, breitbeinig wie ein Seemann an Bord eines vom Sturm gebeutelten Schiffes, überquerte sie die Lichtung. Der Boden war glitschig, wo er felsig war, und morastig im Ufergras.

Das Schlauchboot lag noch dort, wo sie es angebunden hatte. Unter den Bäumen erreichte es nicht mal der Regen mit voller Kraft. Zufrieden trat sie unter den Bäumen hervor. Sie hatte ihr Fernglas mitgenommen und nahm sich trotz des Regens die Zeit, kurz die Gegend abzusuchen. Sie konnte sich nicht vorstellen, dass Bären oder Wölfe dieses Wetter mochten, aber sicher war sicher.

Was sie sah, waren strömender Regen, düstere Dunstschwaden und dunkle Schatten, wo sich der Wald auf der Nachbarinsel befinden musste. Der Regen platschte auf ihren Regenhut und tropfte von der breiten Krempe, der Wind peitschte die Nässe in ihr Gesicht und ließ sie frösteln. In der Mojave Desert hatte sie mal ein ähnlich heftiges Gewitter erlebt, aber damals hatte sie in einem Hotel am Fenster gesessen und eine heiße Schokolade neben sich stehen gehabt. Kein Vergleich mit dem Abenteuer, dass sie auf dieser Insel erlebte.

Ein dunkler Schatten tauchte in ihrem Blickfeld auf. Sie blickte genauer hin und erkannte ein dunkles Etwas, das vom Wind getrieben wurde und sich unkontrolliert in der Strömung drehte. Ein Boot in Seenot! Genaueres konnte sie nicht erkennen, aber es war offensichtlich, dass die Menschen an Bord in großer Lebensgefahr waren. Auch wenn der Sturm nachgelassen hatte, konnte das Boot kentern oder an der Küste zerschellen und jeden an Bord seinem Schicksal überlassen. Das Wasser war eiskalt und lähmte selbst starke Muskeln.

Ella überlegte nicht lange und rannte zum Zelt. »Ich muss los!«, rief sie Chris zu. »Ein Boot in Seenot! Weiter südlich! Ich muss den Leuten helfen!«

»Du willst mit dem Schlauchboot los? Bei dem Wetter?«

»Ich komme zurecht, Chris.«

»Warte, Ella, ich komme …« Er versuchte aufzustehen und sank mit einem Schmerzensschrei zurück. »Nimm mich mit, Ella, allein schaffst du's nicht!«

»Halb so wild! Der Regen lässt schon nach.«

»Ella!«

»Warte hier auf mich!«, rief sie und rannte los.

Kaum hatte sie das Schlauchboot ins Wasser geschoben und den Motor gestartet, erkannte sie, auf was sie sich eingelassen hatte. Der Wind stemmte sich ihr entgegen, immer noch stark genug, um sie vom Kurs abzubringen, und der Regen peitschte ihr unaufhaltsam entgegen und nahm ihr die Sicht. Das Wasser war unruhig und warf

Schaumkronen, die Wellen waren aber nicht stark genug, um sie zum Kentern zu bringen. An der Südspitze von Yeo Island, wo sie das Boot gesehen hatte, war das offene Meer nahe, und das Wasser würde aufgewühlter und wesentlich gefährlicher als in den geschützten Kanälen sein. Doch sie dachte nicht daran aufzugeben. Der Wille, den Menschen auf dem gefährdeten Boot zu helfen, war ein Reflex gewesen, eine Reaktion auf die verzweifelte Lage hilfloser Menschen, und sie hatte überhaupt nicht darüber nachgedacht, in welche gefährliche Lage sie sich selbst brachte. Den Blick stur auf den dunklen Schatten gerichtet, fuhr sie in den plätschernden Regen hinein. Erst jetzt sah sie, dass ein Paddel und ein Behälter in ihrem Schlauchboot lagen, falls ihr Motor ausfiel und sie auf ein Paddel angewiesen war oder falls die Wellen zu hoch waren, und sie Wasser aus dem Boot schöpfen musste.

In einer Notlage, wie Ella sie erlebte, überlegte man nicht und handelte rein instinktiv, ohne Rücksicht auf die Gefahr, in die man sich selbst begab. Sie ritt mit ihrem Boot auf den schäumenden Wellen, wich treibenden Baumstämmen und plötzlichen Strudeln aus und hielt sich dicht am Ufer, um nicht von der starken Strömung erfasst zu werden. Jedes Mal, wenn ihr Boot von einer Welle emporgetragen wurde und der Motor aus dem Wasser tauchte, röhrte er laut, um wieder leiser zu werden, wenn er nach unten sank. Sie kam sich vor wie auf einer wilden Floßfahrt, nur dass sie nicht zum Vergnügen unterwegs war.

Auf die starken Wellen, die sie an der Südspitze der Insel erwarteten, war sie nicht vorbereitet. Von einer Sekunde auf die andere befand sie sich in einem aufgewühlten Meer, dass eine Nussschale wie ihr Schlauchboot innerhalb weniger Augenblicke zu verschlingen drohte. Ihr lautes Fluchen nützte nichts. Ihr Boot kenterte, und sie stürzte ins Meer. Neben ihr ragte der Außenbordmotor aus dem Wasser und heulte lautstark. Als ihr Schlauchboot nach unten kippte und er im Wasser versank, verstummte das röhrende Geräusch.

Ella tauchte unter, schluckte Wasser und tauchte prustend wieder auf. Paddelnd wie ein Hund versuchte sie an der Oberfläche zu bleiben, wurde aber alle paar Sekunden von einer Welle gepackt und nach unten gedrückt. Ein ständiger Kampf, den sie nicht lange durchhalten würde. Sie hatte längst die Orientierung verloren und keine Ahnung, ob sie im Kreis oder in irgendeine Richtung schwamm. »Hilfe!«, rief sie und wusste selbst, wie sinnlos ihre Schreie waren.

Sie fror am ganzen Körper, und ihre schwere Kleidung drohte sie nach unten zu ziehen. Das Wasser war eisig kalt und schmeckte salzig. Sie musste an den Untergang der *Titanic* denken, die letzten Szenen des Films, als Leonardo DiCaprio vor den Augen seiner Freundin versank. Rose hatte Glück und wurde gerettet, aber das geschah in einem Film, der ein Happy End haben musste. Sie hatte keine hölzerne Tür, an der sie sich festhalten konnte.

Neben ihr tauchte ein Schatten auf. Ein Rettungsring landete dicht neben ihr im Wasser, und sie griff in ihrer Panik danach. Hilfreiche Hände zogen sie zu einem Boot und hoben sie an Bord. »Travis!«, rief sie keuchend. »Dich schickt der Himmel! Viel länger hätte ich es in dem kalten Wasser nicht ausgehalten.«

»Reiner Zufall, dass ich hier bin. Ich ankere dort drüben in einer versteckten Bucht und dachte, ich hätte das Boot der Wolfsjäger gesehen. Führerlos …«

»Deswegen bin ich auch hier. Wir müssen sie retten!«

Travis lieh ihr einen Trainingsanzug, damit sie die klitschnassen Sachen loswurde, und sie schlüpfte in etwas zu große Sneakers aus seinem Schrank. Statt des Anoraks zog sie nur ihr Regencape über. Travis' Boot war größer als ihr Schlauchboot und das Motorboot der Wolfsjäger, und lag sicherer im Wasser, obwohl es gewaltig schaukelte. Dankbar griff sie nach der Thermosflasche, die er ihr reichte, und trank einen großen Schluck.

Während sie nach dem Motorboot suchten, berichtete Ella in wenigen Sätzen, was passiert war. »Ich wusste nicht, dass es das Boot der Wolfsjäger war«, sagte sie. »Housty hatte sie schon gestern von der Insel vertrieben. Eigentlich sollten sie schon auf dem Weg zum Flughafen sein.« Sie strich ihre nassen Haare nach hinten und zog ihre Kapuze hoch. »Und du? Du bist zu früh.«

»Ich hab das Unwetter kommen sehen und wollte Sie früher holen«, antwortete er. »Leider bin ich nur bis zu der Bucht gekommen. Scheußliches Wetter!«

Neben ihnen tauchte das Schlauchboot aus dem Wasser. Sie holten es gemeinsam an Bord und fuhren weiter, hatten schon beinahe das offene Meer erreicht, als das Boot der Wolfsjäger vor ihnen auftauchte. »Hilfe!«, schrie Howie, als er sie sah. »Unser Motor ist im Eimer. Ziehen Sie uns an Land!«

Travis sparte sich eine sarkastische Bemerkung und fuhr so dicht wie möglich an das Boot der Wolfsjäger he-

251

ran. Ella tat, was Travis ihr aufgetragen hatte, griff nach dem verknoteten Seil am Bug und rief: »Wir schleppen Sie ab.« Sie warf ihnen das Seil hinüber. Nachdem Howie sein Okay gegeben hatte, fuhr Travis mit dem Motorboot im Schlepptau zu der versteckten Bucht zurück.

Die Bucht war durch Felsen und mächtige Zedern geschützt und bot eine natürliche Zuflucht während eines Sturms. Travis lenkte sein Boot ans Ufer und vertäute es. Die Wolfsjäger und Black zogen ihr Boot an Land. Sie bedankten sich nicht, vertraten sich missmutig die Beine, wagten aber auch nicht, das Boot des jungen Heiltsuk zu kapern. »Und jetzt?«, fragte einer von ihnen.

»Ich sehe mir Ihren Motor mal an«, schlug Travis vor.

Die Wolfsjäger hüteten sich, so großspurig wie bei ihrer letzten Begegnung aufzutreten. Sie beobachteten ungeduldig, wie Travis an ihrem Motor herumschraubte und schon bald herausfand, wo es im Argen lag. Er holte einen Schraubenschlüssel aus seinem Werkzeugkasten und hatte den Schaden innerhalb weniger Minuten behoben. »Die Entlüftungsschraube«, erklärte er. »Kann passieren! Aber warten Sie, bis der Sturm vorüber ist, bevor Sie losfahren.«

»Klugscheißer!«, brummte Jimmy.

Ella fiel das Warten noch schwerer als den Wolfsjägern. Sie blieb an Bord des Bootes und blickte ungeduldig nach Norden, machte sich Sorgen um Chris, der allein und hilflos in ihrem Zelt lag und dort wilden Tieren und anderen Gefahren ausgeliefert war. Lockte seine blutige Wunde hungrige Tiere an? Nahmen die Schmerzen zu? Hatte er ihre Hilferufe gehört und geriet in Panik?

Nach einer Stunde waren die dunklen Wolken weiter nach Osten gezogen, der Wind ließ nach, und das Gewitter verwandelte sich in einen unangenehmen, aber erträglichen Dauerregen. Die Wolfsjäger fuhren zuerst, lenkten ihr Boot nach Süden und wollten so schnell wie möglich Bella Bella erreichen. Sie hatten anscheinend genug von den Inseln, würden sich eine neue Gegend für ihre Aktivitäten suchen. In einem konservativen Staat konnten sie nach Herzenslust ihrem fragwürdigen Hobby nachgehen und würden dafür noch ein Lob der Regierung bekommen. Manchmal war die Welt ungerecht.

Doch Ella hatte die Wolfsjäger schon vergessen. Sie stand in ihrem seltsamen Outfit am Bug, nicht gerade die Prinzessin, die in feinen Gewändern zu ihrem Prinzen zurückkehrte, aber Chris war auch nicht der tapfere Ritter, der auf einem weißen Pferd auf sie wartete. In seiner aufgeschlitzten Hose wirkte er eher wie ein Herumtreiber. Aber wen kümmerte das schon, wenn man jemanden gefunden hatte, der mehr als ein tapferer Ritter war und kein weißes Pferd brauchte, um Eindruck bei ihr zu schinden und ihre Liebe zu gewinnen.

»Ella! Alles okay mit dir?«, rief er, als er sie kommen sah.

»Kein Grund zur Sorge«, beruhigte sie ihn. »Und du?«

»Jetzt geht es mir wieder gut. Die Wunde tut höllisch weh, und ich bräuchte eigentlich dringend ein Aspirin, aber es reicht mir erst mal, wenn du bei mir bist. Ich liebe dich, Ella!«

»Und ich liebe dich! Wollen wir nach Kalifornien zurück?«

»Ich bin dabei«, sagte er strahlend und küsste sie.

Christopher Ross
**Die Bärenflüsterin**

256 Seiten
Hardcover
ISBN 978-3-7641-7132-2

Ab 12 Jahre

# Ein Bärenjunges in Gefahr

Paula Jacksons große Leidenschaft sind Bären. Ein Zwischenfall mit einem riesigen, wütenden Braunbären, den Paula allein mit Worten zur Umkehr bewegt, macht die junge Biologiestudentin berühmt. Kurz darauf bekommt sie eine Stelle als Bärenflüsterin in Clearwater, Kalifornien, angeboten. Doch nicht alle Einwohner sind von Paulas »sanften Methoden« überzeugt und würden die Bären lieber zum Abschuss freigeben. Vor allem Bärenmütter mit ihren Jungen stellen ein unberechenbares Risiko dar. Unterstützung erhält Paula von Brian – Brian, der selbst kürzlich von einem Bären angegriffen wurde und zu dem Paula sich vom ersten Moment an hingezogen fühlt. Doch was verheimlicht er ihr?

Bären, Liebe und eine mutige junge Frau vor der wildromantischen Kulisse der Sierra Nevada.

www.ueberreuter.de
www.facebook.com/UeberreuterBerlin

Christopher Ross
**Die Tierärztin von Fairbanks**
**Ein neues Leben in Alaska**

256 Seiten
Hardcover
ISBN 978-3-7641-7133-9

Ab 12 Jahre

ebook

# Aller Anfang ist schwer ...

Nachdem ihre Eltern bei einem schrecklichen Autounfall ums Leben gekommen sind, sehnt sich die junge Tierärztin Alexandra Morrison nach einem Neuanfang. Als sie von der wilden Schönheit Alaskas und dem dortigen Mangel an medizinischer Versorgung für Tiere erfährt, wird sie hellhörig. Aus einer Idee wird Wirklichkeit, von heute auf morgen kehrt sie ihrer Heimatstadt den Rücken, um ihre eigene Praxis in Fairbanks zu eröffnen. Doch vor Ort gestaltet sich alles schwieriger als gedacht: Nicht nur findet Alex keine geeignete Praxis, sondern sie bekommt auch noch heftigen Gegenwind vom alteingesessenen Tierarzt Albert Payton. Der charmante Mechaniker Kenny bietet ihr daraufhin zwar Unterstützung an, scheint jedoch einige Geheimnisse zu verbergen ...

**Leidenschaft und Liebe vor der unberührten Schönheit Alaskas!**

www.ueberreuter.de
www.facebook.com/UeberreuterBerlin